KB034091

죽고 싶지만 떡볶이는 먹고 싶어

백세희 에세이

흔

"어두운 면을 드러내는 건

내가 자유로워지는 하나의 방법이다.

이것 또한 나라는 걸

내 소중한 사람들이 꼭 알아주면 좋겠다."

별일 없이 사는데
왜 마음은 허전할까

"행복해지고 싶다면 다음과 같은 사실을 두려워하지 말고 정면으로 받아들여야 한다. 우리는 항상 불행하고, 우리의 슬픔과 괴로움, 그리고 두려움에는 늘 그만한 이유가 있다는 그 사실을 말이다. 이런 감정들을 따로 떼어 놓고 볼 수는 없는 법이다."

_ 마르탱 파주 『완벽한 하루』 중에서

위에 인용한 문구는 내가 가장 좋아하고 공감하는 글

귀 중 하나다. 참을 수 없이 울적한 순간에도 친구들의 농담에 웃고, 그러면서도 마음 한구석에서는 허전함을 느끼고, 그러다가도 배가 고파서 떡볶이를 먹으러 가는 나 자신이 우스웠다. 지독히 우울하지도 행복하지도 않은 애매한 기분에 시달렸다. 이러한 감정들이 한 번에 일어날 수 있다는 사실을 알지 못해서 더 괴로웠다.

왜 사람들은 자신의 상태를 솔직히 드러내지 않을까? 너무 힘들어서 알릴 만한 힘도 남아 있지 않은 걸까? 난 늘 알 수 없는 갈증을 느꼈고 나와 비슷한 사람들과의 공감이 필요했다. 그래서 그런 사람들을 찾아 헤매는 대신 내가 직접 그런 사람이 되어보기로 했다. 나 여기 있다고 힘차게 손 흔들어 보기로 했다. 누군가는 자신과 비슷한 내 손짓을 알아보고, 다가와서 함께 안심할 수 있었으면 좋겠다.

이 책은 기분부전장애(심한 우울 증상을 보이는 주요우울장애와는 달리, 가벼운 우울 증상이 지속되는 상태)를 앓는 나의 치료 기록을 담은 책이다. 사적이고 구질구질한 이야기가 가득하지만 어두운 감정만 풀어내기보단 구체적인 상황을 통해 근본적인 원인을 찾고, 건강한 방향으로 나아가는 것에 중점을 두고 있다.

나처럼 겉으로 보기에는 멀쩡하지만 속은 곪아 있는, 애매한 사람들이 궁금하다. 세상은 아주 밝거나 지나치게 어두운 부분에만 초점을 맞추고 있는 것 같다. 나의 우울을 이해하지 못했던 주변의 반응이 떠오른다. 도대체 어떤 모습과 상황이어야 이해받을 수 있을까. 아니 이해의 영역이긴 할까? 아무쪼록 '나만 그런 게 아니었네' 혹은 '세상에 이런 사람도 있네'라는 감상이 남는 책이 되었으면 하는 바람이다.

　　나는 예술이 사람의 마음을 움직이는 일이라고 생각한다. 예술은 내게 믿음을 줬다. 오늘 하루가 완벽한 하루까진 아닐지라도 괜찮은 하루일 수 있다는 믿음, 하루 종일 우울하다가도 아주 사소한 일로 한 번 웃을 수 있는 게 삶이라는 믿음. 또 내 밝음을 드러내듯이 어두움을 드러내는 것도 아주 자연스러운 일이라는 것을 알게 됐다. 나는 나만의 방식으로 예술을 한다. 그 어떤 사심도 없이 누군가의 마음에 공들여 다가가고 싶다.

　　　　　　　　　　　　　　　　　　　　　　　　백세희

차
례

"오늘 하루가 완벽한 하루까진 아닐지라도
괜찮은 하루일 수 있다는 믿음,
하루 종일 우울하다가도 아주 사소한 일로
한 번 웃을 수 있는 게 삶이라는 믿음."

그냥 좀 우울해서요

환청이 들리고, 환상을 보고, 자해를 하는 것만이 병은 아니다. 가벼운 감기가 몸을 아프게 하듯이, 가벼운 우울도 우리의 정신을 아프게 한다.

나는 어렸을 때부터 내성적이고 소심한 사람이었다. 기억은 희미하지만 일기를 살펴보면 긍정적인 편은 아니었고, 우울한 감정을 종종 느꼈던 것 같다. 고등학생 때부터 본격적으로 우울감이 심해졌는데, 그땐 공부도 안 했고, 대학도 못 갔고, 앞길이 막막했으니 당연히 우울한 거로 생각했다. 하지만 변하고 싶었던 부분(다이어트, 대학, 연애, 친구)이 모두 해결된 후에도 똑같이 우울했다. 항상 그랬던 건 아니고 오락가락했다.

어떤 날엔 울적하고, 어떤 날엔 행복하게 잠들었다. 스트레스 받으면 체했고, 우울할 땐 울었다. 나는 원래 이렇게 우울한 사람이라고만 생각하며 점점 어두워져 갔다.

사람에 대한 두려움과 불안감이 컸고, 특히 낯선 상황에서 심한 불안을 느꼈지만 안 그런 척 연기도 잘했다. 그래서 괜찮을 줄 알고 자신을 더 채찍질했다. 그러다 더는 견디기가 힘들어져서 상담을 받기로 마음먹었다. 정말 긴장되고 두려웠지만 기대를 비우고 진료실에 들어갔다.

선생님 어떻게 오셨나요?

나 그냥 뭐랄까, 좀 우울해서요. 자세히 말씀드려야 할까요?

선생님 그러면 저야 좋죠.

나 (휴대폰 메모장을 켜고 적어두었던 걸 말했다) 심각한 타인과의 비교, 거기서 오는 자기 학대, 그리고 자존감이 낮은 거 같아요.

선생님 요인이 무엇인지 생각해본 적 있나요?

나 자존감이 낮은 건 가정환경에서 시작된 것 같아요.

어릴 때부터 엄마는 늘 '우리 집은 가난해, 가난해, 돈이 없어'를 입에 달고 살았거든요. 다섯 식구가 살기에는 집 평수가 작았는데(18평), 저희 아파트 이름이랑 똑같은 이름의 다른 아파트가 동네에 있었어요. 그 아파트는 평수가 굉장히 넓었는데, 어느 날 넓은 아파트와 좁은 아파트 중에 어디에 사냐는 친구 어머니의 질문에 당황한 이후로 집을 알려주는 게 부끄럽고 꺼려졌어요.

선생님 그 외에 기억에 남는 일은 없나요?

나 무수히 많죠. 말로 하면 진부하지만 아빠가 엄마를 때렸어요. 말로만 부부 싸움이지 그냥 폭력이었죠. 어릴 때를 생각하면 엄마와 우리를 때리고 집안 살림을 박살 낸 뒤 새벽에 집을 나가버리던 아빠, 울다 잠들면 아침이 오고 엉망진창인 집을 뒤로한 채 학교에 가던 우리 모습이 떠올라요.

선생님 무슨 기분이 들었나요.

나 뭔가 비참함? 슬픔? 우리 가족만 알아야 하는 비밀이 쌓여가는 기분이었던 거 같아요. 감춰야 하는 일이라고 생각했어요. 언니는 제게, 저는 동생에게 입단속을 시키기도 했고요. 그리고 자존감이 낮아진 건 가정사도 있지만 언니와의 관계가 컸다고 생각해요.

선생님 언니와의 관계요?

나 네. 언니의 사랑은 늘 조건부였어요. 제가 공부를 안하거나 살이 찌거나, 뭔가를 열심히 하고 성실하게 살지 않으면 저를 깎아내리고 괴롭히고 모멸감을 주고는 했어요. 터울이 커서 언니 말은 무조건적으로 따라야 했고요. 경제적인 부분도 언니에게 많이 묶여 있었어요. 언니가 옷이나 신발, 가방 등을 주로 사줬었거든요. 그런데 그걸 약점으로 삼기도 했어요. 언니한테 대들거나 말을 안 들으면 사줬던 걸 모두 회수해갔죠.

선생님 벗어나고 싶지는 않았나요?

나 벗어나고 싶었어요. 잘못된 관계 같았거든요. 언니는 되게 모순적이었어요. 나는 되고 너는 안 돼, 이런 식? 자기는 외박해도 되고 너는 안 돼. 난 네 옷 입어도 되고 너는 안 돼. 이런 거. 그런데 완전 애증이었던 게, 언니가 너무 싫다가도 언니가 저한테 화를 내면서 관심을 끊으면 너무너무 두려웠어요.

선생님   그런 관계에서 벗어나려는 노력은 해봤나요?

나   음, 제가 성인이 되고 아르바이트를 시작하면서, 일단
        경제적인 부분부터 독립하겠다고 다짐했어요. 아르
        바이트를 주중 주말 늘 하면서 조금씩 경제적으로 독
        립했죠.

선생님   정신적으로는요?

나   그건 정말 어려웠어요. 언니는 저 아니면 남자친구랑
        노는 것만 좋아했어요. 자기 말 잘 듣고 자기 성격 잘
        알아서 맞춰주니 당연히 편했겠죠. 어느 날 언니가
        저랑 놀다가 "다른 사람이랑 노는 건 재미없어, 너랑
        노는 게 제일 재밌고 편해"라고 했을 때 어이가 없어
        서 용기를 내어 처음으로 말했어요. 나는 언니가 불
        편하다고, 편하지 않다고.

선생님   언니의 반응은 어땠나요?

나   정말 당황하고 충격받더라고요. 나중에 들어보니 며
        칠 동안 밤마다 울었대요. 지금도 그 이야기가 나오
        면 눈시울을 붉히기도 하고요.

선생님   언니의 그런 모습을 보니까 어땠어요?

나   뭔가 짠하기도 했는데, 후련했어요. 자유로워진 기분

그냥 좀 우울해서요

이었어요. 조금은.

선생님   언니와의 애착관계에서 벗어난 후에도 자신감이 회복되지는 않았나요?

나   가끔 자신감이 생길 때도 있었지만, 이런 성향과 우울감은 그대로였던 것 같아요. 언니한테 의존하던 게 애인에게로 옮겨간 느낌?

선생님   연애는 어떤 식으로 하는 편인가요? 마음에 드는 상대에게 먼저 다가간다거나 하는 적극성이 있나요?

나   아니 전혀요. 제가 누군가를 좋아하면 그 상대가 저를 만만하게 볼 거라는 생각에 좋아하는 걸 잘 티 내지도 못해요. 고백하거나 꼬시는 건 생각해본 적도 없고요. 그래서 늘 수동적인 연애를 하는 편이에요. 누군가가 나를 좋아한다고 하면 만나보면서 그 상대에 대해 알아가다가 호감이 생기면 연인으로 이어지는 패턴?

선생님   연애를 안 할 때도 있나요?

나   거의 없어요. 누군가를 만나면 오래 만나는 편이고, 애인한테 굉장히 의지를 많이 하는 편이에요. 애인도 저를 되게 챙겨주고요. 그런데 애인이 절 사랑해주고 다 받아주는데도, 뭔가 답답함이 생겨요. 저는 사실 의존하고 싶지 않거든요. 좀 독립적이고 자립심 있고 혼자서도 잘 살아가고 싶은데 그걸 못한다는 생각이 들어요.

선생님   친구들과의 관계는 어때요?

나   어렸을 때는 친구관계를 굉장히 중요하게 여겼어요. 그 나이 또래와 다르지 않았죠. 그런데 초등학교 때 한 번, 중학교 때 한 번 왕따를 당하면서 고등학교 때까지 무리에서 낙오되는 것, 친구관계에 대한 공포감이 많이 생겼던 거 같아요. 그런데 그게 자연스럽게 연애로 옮겨갔고, 친구나 우정 같은 거에는 큰 기대나 관심을 두지 않기 시작했어요.

선생님   그렇군요. 하시는 일은 만족하시나요?

나   네. 출판사에서 홍보마케팅 일을 하는데, 지금은 회사 SNS채널을 운영하고 있거든요. 콘텐츠를 만들고 업로드하고 노출시키고 등등. 재밌고 적성에 잘 맞는 거 같아요.

선생님   좋은 결과물이 나올 때도 있었나요?

나   네. 있었어요. 그래서 더 열심히 할 때도 있었고 뭔가

그냥 좀 우울해서요

결과물을 내야 한다는 생각에 압박감을 느낄 때도 있고요.

선생님   그렇군요. 자세히 말해줘서 고마워요. 여러 가지 검사를 해봐야 정확히 알겠지만, 의존성향이 강해 보이네요. 감정의 양 끝은 이어져 있기에 의존성향이 강할수록 의존하고 싶지 않아 하죠. 예를 들어 애인에게 의존할 땐 안정감을 느끼지만 불만이 쌓이고, 애인에게서 벗어나면 자율성을 획득하지만 불안감과 공허감이 쌓여요. 어떻게 보면 일에 의존하고 있는지도 몰라요. 성과를 낼 때 나의 가치를 인정받고 안도할 수 있으니 의존하지만, 그 만족감 또한 오래가지 않으니 문제가 있죠. 이건 쳇바퀴 안을 달리는 것과 같아요. 우울함에서 벗어나고자 노력하지만 실패하고, 또 노력하고 실패하는 일련의 과정을 통해 주된 정서 자체가 우울함이 된 거죠.

나   그렇군요(이 말에 위로받았고 명확해지는 기분이 들었다).

선생님   일탈이 필요해요. 우울과 좌절의 쳇바퀴에서 벗어나려면 자신이 생각지도 못했던 일에 도전해보는 게 좋아요.

나	어떤 것부터 해야 할지 모르겠어요.
선생님	지금부터 찾아봐야죠. 작은 것부터요.
나	그리고 SNS에 가식적인 삶을 올리게 돼요. 행복한 척 하는 건 아닌데, 책이나 풍경, 글 같은 취향을 드러내 면서 특별해 보이고 싶어 하는 거죠. '나 알고 보면 이렇게 깊이 있고 괜찮은 사람이다'라는 걸 보여주고 싶은 것처럼요. 그리고 제 기준대로 사람을 판단하고 평가해요. 제가 뭐라고 감히 사람을 평가할까요. 너무 이상해요.
선생님	말씀하시는 걸 들으면 마치 로봇이 되고 싶은 사람 같아요. 어떤 절대적인 기준의 사람이 되고 싶은 것 처럼요.
나	맞아요. 불가능한데.
선생님	이번 주에는 오늘 드릴 검사지(500가지 문항의 인성검사 및 증상, 행동평가 척도검사)를 작성하고, 어떤 일탈을 해 야 할지 생각해보면 어떨까요.
나	그럴게요.

(1주일 후)

그냥 좀 우울해서요

선생님   어떻게 지내셨어요?

나   현충일 전날까지는 우울했고요, 그 후에는 좋았어요. 저번에 말씀 안 드린 게 있는데, 로봇이 되고 싶은 거 같다고 하셨잖아요. 남에게 피해 주면 안 된다는, 그런 저만의 기준이 심해진 이후로 강박감이라고 해야 하나, 일상에 불편함이 생겼어요. 예를 들어 버스에서 큰 소리로 이야기하거나 전화하는 사람을 보면 화가 치밀어 올라요. 목을 조르고 싶을 만큼요. 실제로 그러지는 못하지만요.

선생님   죄책감이 들었겠군요.

나   네. 한두 번 정도는 조용히 해달라고 말을 하지만 열에 여덟 번은 하지 못해요. 그런 자신에 대한 죄책감이 심하고요. 회사에서 들리는 키보드 소리에도 예민해져서 업무에 집중하지 못했고, 소리가 많이 나는 동료에게 직접 이야기하기까지 했어요. 말하고 나서는 후련했고요.

선생님   시끄럽게 하는 사람한테 조용히 하라는 말을 못 했다고 누가 그렇게 괴로워할까요? 마치 '어떻게 해야 나를 괴롭힐 수 있을까?'의 고민 속에 있는 사람 같아요. 대부분 사람은 비겁해요. 하지만 자신이 비겁하지 않아야 한다는 압박감 때문에 열 번 중에 한 번이나 이야기하고 있는데도 자신을 비하하죠.

나 저는 열 번 중에 열 번을 다 이야기하고 싶어요.

선생님 그렇게 한다고 행복해질까요? 열 번이면 열 번 다 한다고 '다 나았어, 편해졌어'라고 생각하지 않을 거예요. 사람들 반응이 다 같을 수는 없으니까요. 다른 사람을 비난할 수 있는데도 굳이 내 책임으로 돌리고 있는 거죠. 말을 해봤자 듣지 않을 거 같은 사람들은 피하는 것도 나를 위한 선택이 될 수 있어요. 근본적인 부분을 찾아서 하나하나 정리하는 건 말이 안 돼요. 내 몸은 하나인데, 너무도 큰 역할을 부여하는 거죠.

나 저는 왜 이러는 걸까요?

선생님 착해서?(이 말에는 동의하지 않는다)

나 억지로 길에 쓰레기를 버리고 버스에서 큰 소리로 통화해봤는데, 기분은 별로였어요. 그래도 해방감은 있었어요.

선생님 별로였다면 일부러 하지는 마세요.

나	사람이 입체적이란 건 알고 있었지만, 받아들이지 못했던 것 같아요.
선생님	사람을 평면적으로 바라봤다면, 그 시선은 남을 바라볼 때만이 아니라 자신을 바라볼 때도 적용되죠. 한 번쯤은 무서운 사람이 돼도 괜찮아요. 예를 들어 내가 이상적으로 생각하는 사람을 떠올리면서 '그 사람이라도 화내지 않았을까? 그 사람이라도 다 받아주지는 않았겠지?' 이렇게 비교한 후에 화내도 돼요. 다른 사람들이 나를 날카롭다고 여길지라도요. 가지고 있는 경험과 생각 중에서 가장 이상적인 것만 얻으려고 하는 것 같아요. "난 이런 사람이 되어야 해!" 이렇게요. 남의 생각, 남의 경험을 훔쳐 와서 말이죠.

하지만 아까 말했듯이 사람은 다 입체적이에요. 겉으로는 멋져 보여도 뒤에서는 더러운 행동을 할 수도 있고, 내가 부풀려서 기대해놓고 실망하는 경우도 있어요. 그럴 땐 오히려 '저 사람도 숨 쉬고 사는구나, 별수 없는 사람이구나'라고 생각하면 나한테도 관대해질 수 있어요.

나   저는 스스로를 약하다고 생각하고, 다른 사람들이 그 약한 모습을 다 알고 있을 거 같아요. 뭔가 무섭게 말해도 내 안의 약한 모습을 알 거 같은 거예요. 구려 보일까 봐 두려운 거죠.

선생님   불안감이 숨어 있기 때문이에요. 내가 무언가를 이야기했을 때, 자동으로 '이 사람이 나를 어떻게 볼까? 떠나지 않을까?'를 생각하니까 불안한 거죠. 이야기하는 게 좋은 경험일 수는 있어요. 하지만 결과가 한 방향일 수는 없다는 걸 알아야 해요. C라는 행동, D라는 행동이 나올 수 있죠. 반응은 이렇게나 다양하다는 걸 깨닫고 받아들이는 게 필요해요.

나   그렇구나. 저번에 일탈을 이야기하셔서, 히피 파마를 했어요. 저도 마음에 들고 회사 사람들의 반응도 좋아서 기뻤어요. 그리고 저번에 물으셨던 거 있잖아요, 친구들이 생각하는 제 장점은 공감을 잘해준다는 거?

선생님   실제로 공감을 잘하나요?

나   네. 엄청요. 그래서 공감을 숨길 때도 있어요. 유난스러워 보일까 봐.

하지만 타인이 나를 표현하는 말에 너무 타이틀을 붙이지 않았으면 좋겠어요. 공감을 더 잘해줘야 한다고 의도하는 순간부터는 숙제가 되거든요. 그러면 공감 능력이 오히려 떨어질 수도 있어요. 관심 없는 거에는 관심 안 보이는 것도 좋아요.

저번에 했던 검사 결과를 보면, 실제보다 더 나쁘게 보이려는 '페이킹 배드_faking bad_' 결과가 나왔어요. 대부분 회사 복직을 앞둔 사람, 학교 다니기 싫어하는 사람들한테서 나오는 패턴인데요, 자신의 현재 상태보다 더 나쁘게 보이려고 하는 거죠. 실제 상태보다 자신에 대해 더 부정적으로 인식하고 있어요. '페이킹 굿_faking good_'은 주로 교도소에 수용된 사람들에게서 나오는 결과예요. 자신이 이제 괜찮다는 걸 보여주려는 거죠. 우울함보다는 불안감, 강박적인 양상이 나타나고, 사회적 관계에서의 불안감이 높아요.

그리고 여성을 바라보는 시각이 수동적이에요. '내 사회적인 역할은 여성이니까 이 정도밖에 안 돼'라는 생각이 강하죠. 성격을 말하는 게 아니라 현재의 상태를 말하는 거예요. 그 외에 큰 의미 있는 것들은 없고요. '굉장히 불안하고 사회생활 하는 걸 힘들어하는구나. 그리고 실제보다 본인 상태를 더 불편하게 느끼는구나' 정도예요. 자신의 상태를 본인의 주관적인 느낌으로 굉장히 예민하고 우울하게 느끼고 있어요. 미치지 않았는데 스스로 미쳤다고 생각하는 거죠.

나   맞아요. 하지만 제가 정상이라고 생각하면 더 괴로워져요. '나는 왜 이렇게 유난일까?' 이렇게요.

선생님   기분부전장애는 찾아봤죠? 어떤 생각이 들었나요?

나   한 번도 제 증상과 딱 맞는 설명이 없었는데, '이건 나다!'라는 생각이 들었어요. 그리고 설명을 다 읽고 나서는 슬퍼졌어요. '옛날에 이걸 앓고 있던 사람들은 얼마나 괴로웠을까?' 하는 생각이 들었거든요.

선생님   꼭 그 걱정까지 해야 할까요?

나   잘못된 건가요?

선생님   옳고 그름의 평가는 없어요. 독특하다는 거죠. 걱정하기 시작하면 끝이 없어요. 과거가 아닌 지금 나의 현

    그냥 좀 우울해서요

재 시점을 바라본다면, 나의 개인적인 경험도 더 긍정적으로 볼 수 있어요. 과거엔 나를 표현할 수 있는 병명을 몰랐는데, 현재는 알았다는 것도 긍정적으로 볼 수 있죠.

나   아……, 양가적인 감정의 원인은 뭔가요?

선생님   죄책감과 비슷해요. '목을 조르고 싶다'라는 생각을 하고는 자동으로 죄책감이 드는 거죠. 화가 났다가도 바로 죄지은 사람이 되어버려요. 일종의 자기 처벌적인 욕구죠. 나 자신에게 너무도 강력한 초자아가 서 있기 때문이에요(실제 내가 쌓아온 것 말고도 여기저기서 더 좋은 걸 차용해서 이상화된 내 모습을 쌓아놓았다는 것). 하지만 그건 말 그대로 이상일 뿐, 현실이 아니에요. 그래서 매번 이상화된 기준에 도달하는 걸 실패하면서 자신에게 벌을 주고 있는 거죠. 그렇게 엄격한 초자아가 있으면, 나중에는 벌을 받는 게 만족스러워지는 지경까지 갈 수도 있어요. 예를 들어 사랑받는 것을 의심하고 일부러 상대에게 욕을 먹을 때까지 행동하면서, 상대가 나를 포기하면 오히려 안심하는 상태까지 가게 되는 거죠. 실제 내 모습보다 밖에서 제어

하는 것들이 너무 많아요.

나　그렇군요. 혼자가 좋은데 혼자가 싫은 감정은요?

선생님　당연한 거 아닐까요?

나　당연해요?

선생님　네. 정도의 차이가 있을 뿐 많은 이들이 그렇지 않을까요? 사람들과 관계를 맺고 살아가야 하지만 나만의 공간도 필요하니까요. 이것 또한 공존할 수밖에 없죠.

나　제 자존감이 낮은 건가요?

선생님　극과 극은 오히려 통한다고 하죠. 굉장히 자존심이 세 보이는 사람이 오히려 자존감이 낮아요. 자신이 없으니까 다른 사람이 나를 우러러보게끔 하려고 하죠. 거꾸로 자신에 대한 만족감이 높으면, 누가 나에게 뭐라고 하든 크게 영향받지 않을 거예요(결국 난 자존감이 낮은 거라는 말).

나　제가 했던 일들이 지나고 나면 다 보잘것없이 느껴져요.

선생님　내가 하는 일의 상당수는 실제 내가 원했던 일이라기보다는 내가 만들어놓은 기준이나 의무감 때문에 해

　　　그냥 좀 우울해서요

왔던 걸 수도 있어요.

나   외모 강박도 심해요. 화장하지 않으면 밖에 못 나가던 시절도 있었고요. 살찌면 아무도 저를 봐주지 않을 거 같아요.

선생님   외모 때문에 강박감이 나오는 건 아니에요. 이상화된 내 모습이 있기 때문에 외모에 집착하는 거죠. 그 기준의 폭을 좁고 높게 만들어놓은 거예요. '50킬로그램 이상이면 실패야!' 이렇게요. 결국 이것저것 조금씩 시도해보면서 내가 원하는 게 뭔지, 어느 정도로 해야 편한지 알아보는 게 중요해요. 내 취향을 알고, 불안감을 낮추는 방법도 알게 된다면 만족감이 생겨요. 누가 어떤 지적을 해도 받아들이거나 거부할 수 있게 되지요.

나   폭식도 연관이 있나요?

선생님   그렇죠. 일상의 만족도가 떨어지면 가장 원시적인 퇴행으로 돌아가요. 먹고 자는 본능적인 거로요. 만족감의 중추를 가장 편한 곳에서 찾는 거죠. 하지만 먹는 건 만족감이 오래가지 않아요. 운동이나 프로젝트 같은 게 도움이 될 수 있어요. 장기적인 목표를 통해 극복하는 게 좋지요.

나　　알겠어요. 운동을 다시 시작해야겠네요.

　　　　　　　　　　　　　　그냥 좀 우울해서요

고슴도치 딜레마

"극과 극은 오히려 통한다고 하죠.
굉장히 자존심이 세 보이는 사람이 오히려
자존감이 낮아요. 자신이 없으니
다른 사람이 나를 우러러보게끔 하려고 하죠."

서로의 친밀함을 원하면서도 동시에 적당한 거리를 두고 싶어 하는 욕구가 공존하는 모순적인 심리 상태를 '고슴도치 딜레마'라고 한다. 나는 늘 혼자이고 싶으면서 혼자이기 싫었다. 의존 성향이 강하기 때문이라고 한다. 누군가에게 의존할 땐 안정감을 느끼지만 불만이 쌓이고, 벗어나면 자율성을 획득하지만 불안감과 공허감이 쌓이는 상태. 매번 상대에게 지독하게 의지하면서도 상대를 함부로 대했다. 내게 많은 것을 주는 이들일수록 지겨워하고 지루해했다. 그리고 이런 나를 또 싫어했다. 하지만 내가 맞는다고 해주는 사람하고만 있으면 어리광쟁이가 된다. 그 안전한 울타리 안에서 점점 더 겁쟁이가 된다는 걸 안다. 그래서 회사를 그만두지 못하는지도 모른다. 내가 지금까지 살아온 방식이기도 하다. 그렇게 사는 게 좋고 나쁘고의 문제가 아니라 어떤 게 내 삶을 건강하게 해주느냐의 문제다. 머리로는 정답을 알고 있는데 행동은 늘 어렵다. 난 스스로에게 필요 이상으로 가혹하고, 그래서 위로가 필요하고, 내 편이 필요하다.

저 혹시 허언증인가요?

나는 종종 거짓말을 했다. 일일이 기억하기는 힘들지만 생각 나는 대로 써보자면, 회사에서 인턴 업무를 할 때였다. 과장님 과 점심을 먹으러 가던 중에 자연스럽게 해외여행 이야기가 나왔고, 과장님은 내게 어느 나라를 가보았냐고 물었다. 나는 그 당시 해외여행을 가본 적이 없었고, 그 사실이 부끄러웠다. 그래서 일본에 갔었다고 거짓말을 했다. 밥을 먹는 내내 과장 님이 일본여행에 대해서 물을까 봐 겁났던 기억이 있다.

나는 감정이입을 잘하고, 공감도 잘하고, 또 공감을 잘해줘야 한다는 강박까지 있어서 상대가 나에게 어떤 이야기 를 털어놓으면 나도 그런 적이 있다고 거짓말을 하고는 했다.

웃기고 싶고 관심받고 싶을 때면 또 거짓말을 하고, 동시에 스스로를 자책하고.

커다란 거짓말이 아니라 일상 속의 자잘한 거짓말이기에 들킬 염려도 없었고 그래서 크기는 작을지라도 횟수는 늘어만 갔다. 죄책감 때문에 아주 사소한 일도 거짓말하지 말아야겠다고 다짐했는데, 이번에 술에 취해 친구에게 거짓말을 했다. 그 거짓말은 너무 수치스러워서 차마 입에 올릴 수도 없다. 이번 일로 모든 노력이 수포가 되었다.

선생님   잘 지내셨어요?

나   아니요. 좋지 않았어요. 목요일까지 쭉 안 좋았다가 금요일과 토요일엔 좀 괜찮았어요. 이 이야기를 전부 하는 게 치료에 도움이 될까요?

선생님   불편하지 않다면요. 나중에 해도 되고요.

나   이상화된 기준을 낮추는 게 가능할까요?

선생님   자신감이 생긴다면 낮출 수 있겠죠. 완벽함에 대한 탐구, 이상을 좇는 마음 자체가 안 생길 수도 있어요.

나   자신감이 생길 수 있어요?

선생님	아마도요.
나	저 관심종자 같아요. 인정욕구도 강하고, 그래서 허언증이 있나 봐요. 일단 이야기를 할 때 웃기고 싶은 마음에 조금 과장하거나 확대해서 말하고, 상대방 이야기에 공감하고 싶을 때 "나도 그런 일 겪은 적 있어" 하면서 거짓말할 때가 있어요. 그 후에 너무 괴롭고요. 그래서 이제 작은 거로도 거짓말하지 않으려고 해요. 그게 저도 편했고요. 그런데 토요일에 진료받고 나서 친구랑 술을 마시고 취했는데, 기억은 다 나거든요? 그런데 거짓말을 했어요.
선생님	그 내용도 공감을 위해서였나요?
나	아니요. 그냥 관심받고 싶은 마음이었던 것 같아요. 공감을 얻을 이야기는 아니었어요.
선생님	취하지 않았다면 안 했을 이야긴가요?
나	절대 안 했을 이야기예요.
선생님	그럼 취해서 한 거잖아요. 그렇게 넘기세요.
나	(당황) 그렇게 넘겨도 돼요? 정신병자 아니에요?
선생님	아니에요. 거짓말은 인지기능이 떨어질 때 많이 할 수 있어요. 술 취했을 때도 마찬가지인데, 기억력이나

저 혹시 허언증인가요?

판단력이 떨어지잖아요? 그 공백을 메꾸기 위해 무의식적으로 거짓말을 할 수도 있죠. 하물며 취한 사람도 자기는 안 취했다고 하잖아요? 이야기의 연결성 없이 나오는 대로 말할 수 있어요.

나　저 괜찮아요?

선생님　괜찮아요. 취했을 땐 자신을 억제하는 이성의 끈을 놓게 되죠. 전문용어로는 '탈억제'라고 해요. 술이나 마약류를 접했을 때 탈억제가 일어나죠. 그래서 충동적인 행동이 많이 나타나고, 자신이 터부시했던 행동들을 하게 돼요. 그러니 그냥 하루 정도만 자책하면 돼요. '아 다음부터는 이렇게 안 마셔야지' 정도만 해도 충분해요.

나　괴로워하는 시간이 좀 짧아지긴 했어요.

선생님　내 탓하지 말고 술 탓 좀 해요. 말씀하셨잖아요. 술 마시지 않았다면 하지 않았을 거고, 술 취해서 한 거라고.

나　이거 허언증 아니에요?

선생님　아니에요. 그냥 술 취한 거예요.

나　선생님 저는 만취했는데도 헛소리 하나 안 하는 애들이 너무 부러워요.

선생님   그런 사람이 있을까요? 자는 사람은 있겠죠. 실수가 나와야 하는데 수면중추가 먼저 취해서 잠이 든 거지, 대부분은 하죠. 안 그러는 사람들은 술이 센 거예요.

나   아…… 저번 주에 제가 정의로워지고 싶어 하는 이유는 착해서라고 얘기하셨잖아요. 그게 아니라, 제가 정의롭지 않은 사람이라 정의로워지고 싶어 하는 거 같아요.

선생님   자신이 정의롭지 않은 사람이라고 이미 규정해버린 거죠. 그게 무엇이든 기준선이 높으면 지금 나의 상태를 굉장히 부정적으로 보고 있다는 증거가 될 수 있어요. 자신을 개선해나가야 하는 사람처럼 보는 거죠. 지금도 마찬가지예요. 술은 취하려고 마시는 건데, 안 취하는 사람을 부러워한단 말이에요.

나   이렇게 얘기하니 너무 간단해 보이네요. 그리고 이번 주에 회사를 그만두고 싶었어요. 많은 것들이 스트레스였고요. 수요일엔 동료들과 술을 마셨는데, 다른 사람들이 보기엔 지금 제가 편한 위치에 있고 팀장님도

저 혹시 허언증인가요?

좋거든요? 그 친구들은 힘든 상황이고요. 그래서 친구들의 이야기를 들어주는 상황이 된 거예요. 그런데 저도 힘들거든요. 저도 힘든데 다른 사람 이야기만 들어주고 있는 거죠. 회사 밖 친구들도, 회사 동료들도 다른 사람이 더 힘들다고 생각하는 것 같고요. 갑자기 억울한 기분이 들었어요.

선생님   화난 걸 참았네요. 어떻게 터뜨려야 될까요?

나   팀장님께 상담해볼까 고민했는데, 그날 팀장님이 시키신 일을 못 하고 끙끙 앓다가 오후에야 어떻게 해야 할지 여쭈어봤거든요. 그런데 너무 명쾌하게 해결해주셨어요. 그게 너무 감사하고, 그래서 더 말씀을 못 드리겠는 거예요. 팀장님도 힘드시니까.

선생님   왜 그렇게 남이 힘든 걸 잘 알아요?

나   (뜨끔) 그러게요, 사실 모르지 않을까요?

선생님   힘들다고 좀 하세요.

나   뭐라고 해야 할지 모르겠어요.

선생님   다른 사람들 보면서 배우세요. 다른 사람들도 힘들다고 하니까 알잖아요. 세희 씨는 안 힘든 사람한테도 "너 힘들지?"라고 물어볼 거 같아요.

나	(이때 눈물 터짐) 저 너무 착한 척하죠?
선생님	착해요, 착한 걸 어쩌겠어요.
나	착한 게 아니라 그냥 찐따 같아요.
선생님	'다른 사람들보다는 내가 낫잖아'라고 생각하면서 자신이 힘들다는 말을 하지 못하게 만드는 거죠. 예를 들어 어딜 가도 거기 있는 사람들은 '여기도 힘들어'라고 이야기할 수 있어요. 하지만 지금은 '아 저 친구도 힘든데 내가 몰랐구나' 하며 자책하고 있는 거죠. 다른 사람의 감정 생각하는 거 좋아요, 관심 쏟는 거 좋죠. 하지만 제일 먼저 나를 점검했으면 좋겠어요. 내 기분을 먼저요. 친구들한테 말하는 것도 좋지만, 같이 일하는 내부 사람들에게도 '나는 괜찮아'가 아니라 '나는 너와 비교하면 육체적으로는 편할지 모르지만, 여기도 힘들어'라는 걸 말하는 게 자신도 편하고 상대방도 편할 수 있어요.
나	회사 사람들한테는 이야기해본 적이 없네요. 사실 그렇게 포커페이스도 아니에요. 감정을 잘 못 숨기거든요. 목요일에 회사 그만두고 싶었을 땐 누가 봐도 화난 표정으로 있었어요. 그러면 사람들이 말을 잘 못

저 혹시 허언증인가요?

걸죠.

선생님 그냥 기분이 나쁜 줄 알았겠죠. 자신에 대해 알아야
해결할 수 있어요. 자신을 알고자 하지 않으면서 '내
가 왜 이러지'라고만 생각하면 안 돼요.

나 저는 저를 잘 모르나요?

선생님 자신에 대한 관심이 떨어지지 않았을까 해요.

나 저는 매일 감정을 기록하는데요?

선생님 마치 제3자의 관점에서 쓴 거 같은 기록이에요. 힘들
때 무조건 내가 제일 힘든 거예요. 그건 이기적인 게
아니에요. 예를 들어 어떤 조건이 좋다는 건, 가기 전
까지만 좋은 거예요. 직업이든 학교든 마찬가지죠. 합
격하는 순간까지만 좋고, 가고 나면 불만이 시작돼요.
처음부터 끝까지 '난 여기가 너무 좋아!' 하는 게 가
능할까요? 다른 사람들은 나를 부러워할지 몰라도 정
작 나는 아닐 수 있어요. 그러니까 '나는 왜 즐겁지 못
한 거야' 하며 나를 괴롭힐 필요는 없어요.

나 알겠어요. 수요일에 동료들과 놀아서 즐거웠는데, 반
쪽짜리 행복이었어요. 예를 들어 상대가 "어제 우리
진짜 재밌었다!"라는 말이 안 나오면 반만 즐거운 거

죠. 그 말이 나와야만 완전히 즐거워져요. 실제로 '지금 내 말 재미없니?', '나 지금 너무 좋은데, 너도 그래?'라는 말을 많이 해요.

선생님   타인을 배려하는 게 부정적인 건 아니죠. 그게 지나쳐서 눈치를 살피면 문제가 되는데, 지금은 눈치를 살피는 행동이에요.

나   네. 잠들기까지 시간이 오래 걸렸는데, 처방해주신 약을 먹고 나서는 자연스럽게 졸렸어요.

선생님   요새도 자주 깼어요?

나   새벽 네 시에 한 번, 다섯 시에 한 번씩 깨요.

선생님   잘 때는 핸드폰을 멀리 두세요. 밤에 보나 아침에 보나 똑같잖아요. 일상에서 미룰 수 있는 건 미뤄버리세요. 우선순위를 내가 정했으면 좋겠어요.

나   금요일 아침 약 먹기 전에는 불안하고 일이 손에 잡히지 않았어요. 약 먹으니까 나아졌고요. 오늘 아침에도 초조함이 느껴졌는데, 여덟 시쯤 약 먹으니까 괜찮아졌어요.

선생님   부작용일 수도 있어요. 밤에 먹는 반 알짜리요. 아침 약 잘 드시면 돼요.

   저 혹시 허언증인가요?

나   약 중독되는 거 아니에요?

선생님   약으로 중독을 만들지 않아요. 중독된 사람들도 여기
        오는걸요.

나   아침에 약 먹으면 편안해요.

선생님   편안함을 누리세요. 편안한데도 '이 약이 내 몸에 안
        좋지 않을까?' 하는 걱정 때문에 더 부담될 수 있어
        요. 예를 들어 누군가 나한테 선물을 주면 '나도 언젠
        가는 갚아야 해'라고 생각하지 말고, 기뻐하고 현재를
        즐기세요. 지금은 고마워하면서도 동시에 부담을 가
        지고 있는 것처럼 보여요.

나   ……(그게 말처럼 쉬우면 여기 있겠느냐고요).

선생님   지금도 괜찮아요. 술 마시면 그럴 수 있고, 약 먹다 보
        면 부작용 생길 수도 있고, 부작용 생기면 병원 욕하
        면 돼요.

나   (지금도 괜찮단 말에 눈물 나려고 함. 주책)

선생님   주말에 뭐 하시나요?

나   영화 모임 가요.

선생님   재밌나요?

나   재밌으면서도 부담돼요. 원래 독서 동아리 같은 거

안 하거든요? 문창과 나왔고, 출판사 다닌다고 하면 사람들이 기대하니까요. 영화 모임에서도 출판사 다닌다고 하니까 사람들이 '오~' 이런 반응이어서 부담스러웠어요.

선생님 영화 동아리 왜 했어요?

나 저는 집순이라서 만나는 사람도 한정적이고, 친구들 모임 말고는 애인이랑만 노니까, 이렇게 이십 대를 다 흘려보낼 거 같아서요.

선생님 아 활동을 좀 늘려보려고?

나 네.

선생님 그건 좋네요. 그럼 거기서 기대(출판사를 다니니까 글을 잘 쓸 것이다 같은)를 다 충족시켜주나요?

나 아니요.

선생님 그렇다고 버림받지는 않잖아요. 대단하다고 하는 경우도, 실망하는 경우도 있을 거예요. 처음에 말씀하신 '내가 이걸 왜 했을까?'에 더 초점을 맞췄으면 좋겠어요.

나 이번 영화는 제 취향이 아니에요. 할 말이 없거든요. 아무 말 안 해도 돼요?

저 혹시 허언증인가요?

선생님   그럼요. 그냥 '재미없던데요? 제 취향이 아니에요'라
         고 얘기하면 되죠.

나   창피해요.

선생님   그냥 각자의 평가잖아요. 정답이 있는 문제도 아니고
         요. 물론 다른 사람들의 기대감도 있겠지만, 나도 모
         르게 '나는 문창과를 나왔고 출판사에 다니니까 남들
         과는 다른 대단한 것을 보여줘야 해'라는 무언의 압
         박감이 있을 수도 있어요. 그런데 '그냥 이게 난데 뭐'
         라고 받아들이는 순간, 훨씬 더 자유로워질 수도 있
         어요.

나   지금 좀 자유로워졌어요.

선생님   영화를 보면 꼭 의미를 찾아내야 할까요? 내가 좋았
         던 부분을 아무도 좋아하지 않을 수 있고, 나는 재미
         없었는데 타인은 좋았을 수도 있잖아요. 모든 것을
         너무 지적으로 생각하지 않았으면 좋겠어요. 감정에
         중점을 두는 거죠. '아무렴 뭐 어때'라는 생각이 중요
         해요.

나   그렇게 해봐야겠어요.

선생님   오히려 모임이 끝난 후에 '뭐 하고 놀까? 뒤풀이하면

뭐 먹을까? 누구랑 얘기할까?' 이런 생각을 하는 게 더 낫지 않을까요?

나   그러네요.

오늘도 나아지는 과정

"힘들 땐 무조건 내가 제일 힘든 거예요.
그건 이기적인 게 아니에요."

확실히 전문가한테 듣는 이야기는 위안이 된다. 몸에 상처가 났을 때 옆에서 누군가가 '괜찮아' 하는 것보다 의사가 직접 '괜찮아요' 해주는 게 더 안심되듯이. 그런데 날 너무 착한 사람, 혹은 답답한 사람처럼 보는 듯해서 마음이 후련하면서도 불편해졌다.

영화 모임에서는 선생님 말처럼 내 스타일이 아니었고 별로였다는 평을 했다. 녹음한 걸 들어보니 구구절절 잘도 말했네. 어쨌든 겨우 세 번째 상담이고 많은 게 달라지는 않았지만, 나아지는 과정이라고 생각하기로 했다. 아직 집에 혼자 있을 땐 한없이 남과 나를 비교하며 내 보잘것없음을 자책하고 힘들어하지만, 그 강도가 조금은 얕아진 느낌이다.

누군가가 좋은 날에도 글을 쓸 수 있어야 한다고 했는데, 그것도 연습이 필요할까. 늘 날씨가, 몸이, 마음이, 정신이 어두울 때만 글을 쓴다. 좋은 생각을 하면서 좋은 글을 쓰고 싶다. 묵직하고 어둡고 과잉 범벅인 게 싫다. 어쨌든 좋은 생각을 해보기로!

내가 나를 감시해요

내 자기검열은 언제부터 시작되었을까? 지난 메일을 뒤져보다가 10년 전쯤에 썼던 글을 발견했다. 사람이 너무 상처를 받으면 그 상처를 억압해버린다고 하던데, 내가 그랬었나 보다. 전혀 기억하지 못한 일이었기 때문이다.

나는 태어났을 때부터 유전성 아토피 피부였다. 당시에는 아토피가 지금처럼 보편적이지 않았기에 의사는 가볍게 치부했고, 시간이 조금 흐르고 나서야 아토피였다는 사실을 알았다.

어린아이들의 아토피가 다 그렇듯이 팔다리의 접히는 부분과 눈가는 늘 건조하고 빨개져 있었다. 친구들은 종종

"피부가 왜 이래? 징그러워"라고 말했고 심지어 내가 좋아했던 남자아이는 대놓고 할머니 같다고 말한 적도 있었다.

5학년 때였나, 남학생과 같이 호흡을 맞추며 춤을 춰야 하는 행사였다. 내 파트너가 나랑 하기 싫었는지 내 손을 잡지 않고 춤추는 시늉만 했던 기억이 난다. 그때부터 수치심이 생겨났다. 나 자신이 이상하고, 못나고, 할머니 같고, 감춰야 할 존재처럼 느껴졌다.

중학생 때는 이런 일도 있었다. 그 당시 친구들과 함께하던 온라인 커뮤니티에는 익명게시판이 있었는데, 누군가가 내 욕을 한 페이지 가까이 써놨던 기억이 있다. 일일이 다 열거하기도 힘들지만, '얼굴은 안 그래 보이는데 몸이 너무 뚱뚱하다', '좀 씻고 다녀라, 팔꿈치가 까매서 못 봐주겠다' 정도가 기억난다. 내 외모를 그렇게 평했다는 사실에 엄청난 수치심을 느꼈다.

그 사건은 내 기억 속에서 지워졌지만, 무의식 속에 남아 있었는지 나도 모르게 때 타월로 팔꿈치를 매일매일 박박 미는 모습, 혹시 이나 코에 이물질이 있을까 봐 거울을 수십 번도 넘게 들여다보는, 늘 남에게 내가 어떻게 보일지 고민하는 내 모습이 있었다. 그렇게 검열하다 보니 이제 내 목소리

49

까지 녹음해서 듣는 지경에 이르렀다. 내 마음이 고통을 오롯이 실감하는데도 누군가가 나를 비웃을 거라는 생각 때문에 두렵다.

선생님 지난주 영화 모임은 잘 하셨나요?

나 네, 잘했어요.

선생님 할 말이 많았나요?

나 아니요. 별로였다고 하니까 진행자분이 어떤 게 별로였냐고 물어봐서, 지금 정리가 잘 안 된다고 하고 넘어갔어요. 그리고 다른 사람들이 말하는 걸 듣다 보니 왜 별로였는지 자연스럽게 떠올라서 이야기했고요. 나중에 녹음한 걸 들어보니까 말 많이 했더라고요.

선생님 왜 녹음했어요?

나 저 회사에서 중요한 회의할 때나 선생님이랑 이야기할 때, 다 녹음하고 집에서 들어봐요. 평소에 긴장을 많이 하니까 말했던 내용이 기억 안 나서요.

선생님 술 취한 게 아니잖아요? 굳이 녹음까지 할 필요가 있

내가 나를 감시해요

을까요?

나 지금은 내원기록 정리하려고 녹음하는 거고, 다른 경우에는 긴장해서 눈앞이 하얘지고 무슨 말을 했는지 모르겠어서 하기 시작했어요.

선생님 어떻게 보면 자기 자신을 CCTV 찍듯이 검열하고 있네요. 끝나고 나서 '내가 잘했나? 어떤 이야기를 했지?' 이렇게요. 망각을 통해 자유로움을 얻을 수도 있을 텐데, 피곤할 거 같아요.

나 안도감과 자책감이 동시에 드는 것 같아요. 말 잘했으면 안심하고, 못했을 때는 자책하고요.

선생님 이미 벌어진 일은 그냥 넘겼으면 좋겠어요.

나 알겠어요. 이것도 되게 로봇 같네요?

선생님 로봇 같다고요?

나 네.

선생님 로봇 같다는 말도 큰 의미를 두고 한 이야기는 아닌데, 자신이 더 큰 의미를 부여했을 수도 있죠(선생님이 저번에 로봇 같다고 한 걸 곱씹고 있었다).

나 맞아요. 나를 꼬집는 말은 엄청 곱씹고 계속 말하고. 왜 자기검열을 하게 됐을까요?

선생님 눈치를 많이 보니까 그렇죠. 자신에 대한 만족도가 떨어져서 그렇죠. 내 인생은 내 것이잖아요. 내 몸도 내 것이고, 그 책임은 내가 지는 거죠. 지금은 합리화나 중간 단계가 없고 극단적으로 가버려요. 자기검열이 무조건 부정적인 건 아니지만, 합리화를 하거나 다른 쪽으로 생각해본다든가 하는 여러 색의 스위치가 있으면 골라서 누를 수 있는데, 지금은 스위치가 하나밖에 없어서 그게 그냥 켜졌다가 꺼졌다만 하는 거죠. 어쩌면 원인이 있을 텐데 그냥 '나 지금 슬퍼, 눈물이 나, 화가 나'라며 원인보다 결과물에 너무 초점을 맞추다 보니까 지금의 감정이 더 심해지는 거 같아요.

나 (우는 중) 극단성과 검열이 타고난 기질 탓도 있어요?

선생님 성격은 기질도 있지만, 커가면서 만들어지는 부분도 크죠.

나 언니랑 동생이랑 이야기를 해보면 자매가 다 똑같아요. 그래서 셋이서 연애 얘기를 하면 안 되거든요? 똑같이 극단적이니까 객관적인 판단이 이루어지지 않는단 말이에요. 그냥 '태어날 때부터 이런 건가? 아니

내가 나를 감시해요

면 우리에게 도대체 무슨 일이 있었나?' 하는 생각이 들어요.

선생님 지금 현실을 바라보는 관점이 극단적이기 때문에 자매 이야기를 할 때도 '똑같거나 혹은 다르다' 이렇게만 평가하는 것일 수도 있어요.

나 아 제 관점이요?

선생님 네.

나 제가 그렇게 극단적이란 말이에요?

선생님 그렇게 극단적이라는 게 아니라, 그런 경향이 있다는 거죠. 일단 일과 휴식의 공간적인 분리가 필요해요. 회사에서 스트레스 받았으면 집에 가서는 쉬어야 하는데, 쉬면서 녹음한 걸 듣는단 말이에요. 그러면 둘이 섞여버려요. 수치스러움과 불안감을 동시에 느낄 수 있어요.

나 알겠어요. 이번 주에는 별일 없었는데도 잠을 못 잤어요. 새벽 네 시에 깨면 여섯 시 일곱 시까지 못 자서 영화 보고 그랬어요. 답답할 정도로 잠이 안 왔어요.

선생님 낮에 많이 피곤했겠네요?

나 생각보다는 괜찮았어요. 원래 사람들이 갑자기 말 걸

면 얼굴이 엄청 빨개졌었거든요? 이번 주는 안 빨개
졌어요.

선생님   몇 시간 정도 주무셨나요?

나   평균 네다섯 시간? 다섯 시간 자고 일어나서 10분, 20
분 쪼개서 자는 식이에요. 그리고 회사에서 집까지
걸어가면 40분 정도 걸리거든요? 논밭이 가득한 시골
길인데, 걸으면 머리가 맑아지고 기분이 좋아요. 혼자
집에 있으면 우울해지기 시작하고요. 왜 그럴까 생각
해봤는데, 제가 부러운 사람들의 인스타그램 계정을
찾아서 본단 말이에요. 그걸 보면 더 우울해지는 것
같아요.

선생님   부러워하는 사람들은 어떤 사람들인가요?

나   원래 입사하고 싶었던 회사의 편집팀장님이에요. 그
회사로 이직을 준비하기도 했는데 면접에서 떨어졌
거든요. 예쁘고, 옷도 잘 입고, 팀원들도 정말 좋아 보
였어요. 많은 것들이 부럽고 '나는 뭐지?'라는 생각이
들었어요.

선생님   지금 일하는 회사와 업무 만족도는 어떤가요?

나   업무 만족도는 높은데, 조금 지겨워요.

선생님　부러움은 누구나 느낄 수 있겠죠? 이상향을 가지고 있는 거니까요. 하지만 부러워하는 것과 자신을 계속 비교하고 비하하는 건 다른 거죠. 지금은 동경하는 정도로 느껴지고, 심해 보이지는 않아요.

나　어느 정도여야 심한 거예요?

선생님　행동으로 나와야겠죠. 하지만 '나도 괜찮아' 정도로 생각할 수 있다면 괜찮아요. 부러워하는 마음을 너무 부정적으로만 보지 않았으면 좋겠어요. 나를 발전시킬 수 있는 하나의 원동력이 될 수도 있죠.

나　네. 그리고 회사 팀장님을 존경하거든요. 그 마음이 건강하게 작용할 땐 '아 닮고 싶다, 나도 저렇게 되어야지' 하는데, 어떤 날에는 '아 왜 나는 저런 생각을 못 하지?' 이런 생각이 들면서 너무 우울해요.

선생님　누구나 그런 시기를 지나치겠죠. 좌절하고 극복하며 노하우가 생겼을 수도 있어요. 그리고 요즘 기분이 좋지 않으니까, 같은 것이라도 보는 관점이 달라지는 거죠.

나　그럼 정서가 중요하겠네요?

선생님　굉장히 중요하죠. 내 감정과 상황에 따라 우연한 사건을 받아들이는 방식은 천차만별이에요.

나   감정 상태를 좋게 바꿀 수 있을지 모르겠어요.

선생님   좋게보다는 과도하지 않게? 극단적이지 않게 바꾸는 게 중요하죠.

나   그게 안 돼요. 그렇게 못 할 거 같아요.

선생님   이미 안 된다고 말하고 있잖아요. 할 수 있을 거예요. 이번 주는 그런대로 잘 지냈으니까요. 저번 주는 안 좋았다고 했어요.

나   맞아요. 그리고 사건이 하나 있었어요. 영화 모임 페이스북에 인터뷰가 올라와 있는 거예요. 그 인터뷰에 모임 사람들이 좋아요를 눌렀기에 들어가 봤는데, 다들 학력이 너무 좋은 거예요. 알고 보니 모임 대표가 좋은 대학교를 나왔는데, 사업 초기라 주변 지인들에게 도와달라고 부탁했나 봐요. 그래서 다들 학력이 좋았던 거죠. 그 사실을 알고 나니까 갑자기 위축되고 모임에 나가기가 싫어졌어요. 그래서 어딜 가면 제 학력도 이야기하지 않고 상대 학력도 듣지 않으려고 해요. 우월감과 열등감이 동시에 생기거든요. 예를 들어 대화 상대가 편하고 말도 잘 통해서 제가 편하게 이야기를 했단 말이죠. 그런데 나중에 그 사람이 서울대를 나왔다는 걸 알게 되면 '내가 했던 이야기들이 다 무식하게 들리지 않았을까?' 하는 생각부터 들어요.

선생님   대학 나오셨잖아요? 만약 사정이 있어서 대학을 가지 못한 사람과 이야기를 나눴는데, 내 말과 행동에 따라 그 사람이 '당신은 대학을 나왔잖아!'라고 이야기를 한다면 무슨 생각이 들 거 같아요?

나   '그게 무슨 상관이야'라는 생각이요.

선생님   그렇겠죠. 고등학교 때의 성적으로 대학교에 갔겠지만, 그 후 내가 어떤 관심사를 갖는지에 따라 깊이와 넓이는 정말 다양해지죠. 고등학교 때의 성적이 나머지 인생을 보장해주는 건 아니잖아요.

나   그렇죠.

선생님   나보다 상대가 우월하게 느껴진다면 같은 조건에서 다른 사람을 비교했으면 좋겠어요. 예를 들어 집안 사정이 어려워서 고등학교도 졸업하지 못했지만, 열심히 노력해서 무언가를 이뤄낸 사람이 텔레비전에 나왔어요. 지금의 관점으로 본다면 그 사람의 노력은 평가절하될 수밖에 없죠. 그런데 과연 그럴까요?

나   아니에요. 아닌데요.

선생님   그렇죠. 내가 유리할 때는 그런 기준을 전혀 적용하지 않고, 불리할 때만 가져오잖아요. 물론 사회 분위기상 높은 대학이 유리한 면은 있을 거예요. 하지만 내가 지금 이직을 한다면 학력보다 이력이 중요하잖아요.

나   그렇게 생각하려고 노력해야겠죠?

선생님   자동으로 드는 생각을 조금 꺾어보는 노력을 했으면 좋겠어요.

나   저 자신이 바뀌어야 할 거 같아요. 저는 학력이 콤플렉스여서 편입했거든요? 처음엔 진짜 좋았어요. 그런데 대학교는 외적인 요인이잖아요. 열망했던 것들을 채워도 우울함이 계속되었어요.

선생님   열망했던 것들을 채웠다는 게, 실제로 내가 열망한 게 맞는지가 문제죠.

나   그걸 잘 모르겠어요.

선생님   예를 들어 내가 가고자 하는 목적지가 아니라, 단지 KTX를 타는 게 목적이라고 잘못 생각했을 수도 있다고요. 어쩌면 그건 내 생각이 아니라 사회적인 선입견이나 인식에 사로잡힌 것일 수도 있죠.

나 　하지만 저는 문창과를 간 게 정말 좋았어요.

선생님　그러니까요. 누군가의 말보다 자신이 좋고 기쁜 게 더 중요하죠. 사람들에게 보이는 모습보다는 내 욕구를 먼저 충족했으면 좋겠어요.

나 　방금도 말했지만 저는 그걸 잘 모르겠어요. '이걸 내가 원하는 걸까, 남이 원하는 걸까' 하는 부분이요.

선생님　잘 안 된다고 하면서도 인식하는 부분이 조금씩 있잖아요. 문창과를 갔을 때 기뻤던 것과 지금 하는 일에 만족하는 게 가장 솔직한 감정이 아닐까 싶어요.

나 　바로 확 느껴지는 감정이요?

선생님　네, 즐거움이요.

나 　즐거움보다 다른 감정이 앞선다면 안 하는 게 좋을까요?

선생님　글쎄요. 가끔은 다른 이유로 싫어하는 것도 해야 할 때가 있잖아요.

나 　영화 모임이 곧 끝나요. 그 후 새 모임이 시작되는데, 하고 싶은지 하기 싫은지를 잘 모르겠어요.

선생님 모임의 장단점을 쭉 써보고, 하나씩 읽어보면 답이
    나올지도 몰라요. 어쨌든 취미 생활이잖아요. 취미 생
    활이 스트레스가 되면 안 돼요. 하지만 안 하는 이유
    가 두려움에 굴복해서는 아니었으면 좋겠어요.

나   제가 피해의식이 심하잖아요. 이 모임에서도 사람들
    이 저를 싫어하는 거 같다는 생각이 들어요.

선생님 어떤 상황에서요?

나   모임 끝나고 술을 마시러 갔어요. 취하고 싶지 않아
    서 처음에는 안 취했는데, 결국 취했거든요? 막판에
    취해서 기억이 가물가물하긴 한데, 대표랑 진행자가
    이제 나는 보내라는 식으로 눈빛 교환을 한 걸 봤어
    요. 희미한 그 기억이 창피했고, 나를 싫어하는 거 같
    다는 생각이 들었어요.

선생님 취한 걸 싫어한 건 아닐까요?

나   네?

선생님 친구가 취했을 때 걱정되는 마음에 "너 빨리 들어가"
    하는 경우도 있잖아요.

나   아 그러네? 왜 그 생각을 못 했지? 취한 게 싫은 건데.
    저도 그래요. 취한 게 싫은 거죠.

내가 나를 감시해요

선생님   보통 꿈이 현실이 되기 전에는 '이뤄지기만 하면 더 바랄 게 없겠다'는 생각을 많이 하잖아요. 만약 꿈이 이뤄졌을 때도 그때의 마음이 생각난다면, 지금의 삶이 보너스처럼 느껴지지 않을까요? 내가 무언가가 부러울 때, 스무 살의 내가 지금의 나를 바라본다면 어떨까요? "대학교 나와서 출판사 다니네?" 하지 않을까요?

나   (갑자기 눈물 터짐) 정말 기뻐할 거 같아요.

선생님   '저 사람한테 가서 어떻게 들어갔는지 물어보고 싶다!'라고 생각할 수도 있죠. 그런데 지금의 나는 내 삶과 과거를 마치 실패한 것처럼 바라보잖아요. 하지만 어릴 때의 기준으로는 지금의 내가 굉장히 성공한 인생일 수도 있어요.

나   가끔 이런 생각을 해요. 서른다섯 살의 내가 스물여덟 살의 나를 보면 너무 안타까워할 것 같다는 생각이요. 지금도 만약 스무 살의 나로 돌아간다면 '너무 그럴 필요 없어' 이렇게 얘기해주고 싶거든요. 그런데 실제로는 이게 잘 안 되니까…….

선생님   다른 사람만 비교할 게 아니라, 나를 가지고 비교해봤으면 좋겠어요.

나   그럼 피해의식은요?

선생님   천천히 계속 생각해가야죠. 성격인 부분도 있으니까
요. 오랜 시간 동안 불안감을 느끼고 살았잖아요. 새
로운 경험이 과거의 경험을 덮어주기 시작하면, 어쩌
면 나를 바라볼 때나 사람을 대할 때 지금보다 훨씬
밝게 바라볼 수 있지 않을까요?

내가 나를 감시해요

스무 살의 내가 지금의 나에게

"누군가의 말보다 자신이 좋고 기쁜 게
더 중요하죠. 사람들에게 보이는 모습보다는
내 욕구를 먼저 충족했으면 좋겠어요."

늘 미래에서 과거를 바라봤다. 이런 생각을 한 적이 있다. 서른다섯의 내가 스물여덟의 나를 보면 어떨까, 스물여덟의 내가 스물의 나를 보면 어떨까. 과거의 나를 만난다면 그렇게 애쓸 필요 없다고 꼭 말해주고 싶었는데.

아무것도 없던 때, 미래도 대학도 돈도 없어 독서실 총무를 했던 때, 편입 시험을 앞두곤 새벽 여섯 시부터 헬스장 카운터 알바를 했던 때, 거울 속 내 모습이 흑백사진 같았던 때, 그때의 내가 지금의 나를 상상이나 했을까? 대학도 졸업하고, 가고 싶은 출판사에 가서 하고 싶은 일을 하고 있는 나를 보면 얼마나 반가워할까?

나는 충분히 열심히 살았다. 그리고 내가 하고 싶은 일을 하며 산다. 과연 이게 원하는 일일까라는 불안은 없다. 다만 더 잘하고 싶을 뿐. 그것만으로도 충분한데, 왜 자꾸 더 높은 곳만 보며 나를 괴롭혀왔을까. 스무 살의 내가 지금의 나를 만나면 아마 울 거 같다. 그래 이 정도면 충분하다.

특별해지고 싶은 마음이
너무 특별하지 않아서

선생님   어떻게 지내셨어요?

나   잘 지냈어요.

선생님   어떤 부분에서요?

나   많은 일이 있었어요. 친구가 생겼거든요? 서로 엄청 다른데, 엄청 비슷한 거예요. 성격은 다른데 뭔가 생각하는 게 비슷하다고 해야 하나? 그래서 완전 친해졌어요. 그런데 이 관계에 대한 불안감이 심해요. 제가 사실 친구가 별로 없어요. 누군가와 쉽게 친해지고 싶지도 않고요. 사실 대학교 마지막 학기 때 친했던 친구가 있었어요. 그 친구는 다른 과였는데 같이 소설 창작 수업을 들었거든요? 소설을 엄청 잘 쓰는 거예요. 그래서 제가 먼저 다가갔고, 급속도로 친해 지면서 한 학기 내내 붙어 다녔어요. 하지만 결과적 으로는 그 친구랑 연락하지 않게 됐어요. 엄청 비슷 하다고 생각해도, 시간이 지나면 서로 다른 점이 보 이잖아요. 그 친구는 제가 불안해하고 소심하다는 걸 몰랐나 봐요. 제 성격을 이해하지 못하더라고요. 만 남을 이어가다 보니 점점 무슨 말을 해야 할지 모르 겠고, 기가 죽고, 자존감이 더 낮아지기 시작했어요. 종강한 후 그 친구랑 소설 스터디를 같이 했어요. 그 때 제 불만이 정점을 찍었고, 스터디를 일방적으로 안 나갔어요. 그렇게 다시는 연락을 안 하게 됐고요. 저는 그게 상처였다는 걸 잘 몰랐는데, 이번에 새로 운 친구와 친해지니까 갑자기 그 생각이 나면서 불안 해지는 거예요. '나중에 또 그 친구처럼 멀어지겠지?' 버림받을까 봐 두려웠어요. '나에 대해 알고 나면 별 볼 일 없다고 생각하겠지?'라는 생각이 들고 무섭더 라고요.

선생님   하지만 지금 할 수 있는 게 별로 없잖아요? 그냥 현재에 충실하면 좋지 않을까요? 사실 버려질 거 같다는 불안감은 내가 무언가를 소유하는 순간부터 이뤄지는 거잖아요.

나   소유는 아닌데……, 제가 누군가를 좋아하면 상대가 저를 만만하게 볼 거 같아요.

선생님   그 말이 맞는다면 이미 호구가 됐겠네요? 보통 더 좋아하는 사람이 약자잖아요.

나   맞아요. 그 친구는 타인한테 별로 관심이 없고, 저는 그런 사람한테 끌려요. 그런데 그 친구가 회사에서 친한 사람이 없는데 저랑 친해졌다는 사실이 감격인 거예요. 감격스러우면서 동시에 비굴하다는 생각이 들었어요.

선생님   마치 자신이 선택을 받은 것처럼요?

나   네 맞아요. 웃기죠.

선생님   애정을 좀 분산시켜야겠네요. 점점 약자의 길로 가게 되니까요. 그리고 많이 희생하다 보면 대가를 기대할 수밖에 없어요. 내가 너무 잘해줬으니까, 그만큼의 보상을 못 받는다는 느낌 때문에 상대에게 더 빠지게 될 수도 있고요.

나　　　그런데 저는 생각만 열심히 해요. 행동으로는 옮기지 않으면서요. 아무것도 안 하면서 혼자 기대하고 혼자 실망하죠.

선생님　사람이 원래 그런 거죠. '나를 선택한 사람을 내가 배신할 수는 없지'라는 생각 때문에 더 얽매일 수도 있어요. 너무 가까워지는 것을 경계하는 마음, 혹은 가까워진 후엔 버림받으면 안 된다는 불안감 속에서 사는 것보다는 '내가 정말 이 사람이랑 잘 맞는 걸까, 어떤 면이 마음에 들고 어떤 면은 별로일까?' 같은 걸 따져볼 수도 있잖아요.

나　　　걔는 특별한데 저는 너무 평범하고 전형적인 사람이라는 생각이 들어요. 그게 괴로워요.

선생님　그러면 상대는 평범하고 전형적인 사람을 찾아낸 거네요? 회사에서 아무도 친하지 않은 사람이 특별하지 않은 사람을 선택한 거네요?

나　　　그런 건 아닌데……, 그리고 저는 의식적으로 솔직해지려고 해요. 솔직했을 때 많은 일이 잘 풀렸던 거 같고, 애정이 있을수록 솔직한 모습을 보여주고 싶어요.

선생님　솔직한 모습을 보여줬을 때의 두려움은 없나요?

나   있어요. 그러니까 미리 까는 거죠.

선생님   그건 좋네요.

나   다행이다. 그래서 그 친구한테도 이야기했어요. 사실
        나는 되게 뻔하고 진부한 사람인데, 네가 이런 모습
        을 알면 실망할 거 같다고요. 그러니까 그 친구도 자
        기 자신을 평범하다고 생각한다는 거예요. 저는 문창
        과를 나왔고 출판사를 다니니까 예술가들을 많이 보
        잖아요. 그들이랑 온도가 잘 안 맞아요. 제가 너무 일
        반적으로 느껴지는 거죠. 그런데 예술과 상관없는 사
        람들이랑 만나도 저는 외딴섬에 있는 거 같아요. 이
        도 저도 아닌 부유물 같은 거죠. 그런데 그 친구도 그
        런다는 거예요. "예술작품도 좋아, 그런데 무한도전
        도 너무 재밌어" 예술가도 아니고 대중도 아닌 자기
        자신이 반인반수 같다고 해서 신기했어요. 사실 너랑
        멀어지는 게 두렵다고 했더니, 그 친구가 각자의 일
        이 있으니 늘 연락할 수는 없겠지만 서로에 대한 마
        음을 계속 상기하면 좋을 거 같다고 했어요.

선생님   지금 이대로가 좋네요. 너무 미래에 대해 생각하지
        마세요. 내 불안감이 상대방에게는 부담일 수 있어요.

나 　마지막 학기 그 친구도요?

선생님 　마찬가지일 수 있겠죠. 애정이 생기고, 상대방을 우월하고 절대적인 선처럼 바라보면서 자기 자신을 비하할 수도 있잖아요. 상대방과 나 사이의 물리적 거리는 가까워져도 심리적 거리는 더 멀어지는 거죠. 그게 열등감으로 나타나고, '저 사람이랑 나랑 멀어지게 될 거야'라는 생각에 확인을 시작하죠. 직접 물어보거나, 간접적인 나만의 행동으로요. 상대가 불편함을 느꼈을 수도 있겠죠.

나 　상대가 느꼈다고요?

선생님 　그랬을 수도 있죠. 확인에 대한 욕구는 알겠는데, 그 욕구를 충족하는 방식이 애 같다고 해야 할까요?

나 　왜 그럴까요?

선생님 　즉시의 만족을 위해서죠. 하지만 순간뿐이거든요. 그런 방법보다는 좋아하는 상대를 만나는 거 자체를 소중히 여긴다면 만족을 얻을 수도 있어요. 함께하는 시간에 의미를 부여하기 시작한다면, 단순히 어떤 관계냐가 큰 의미가 있을까요?

나 　그러게요. 나를 너무 평범하고 보잘것없이 느끼는 건 어떻게 하면 고칠 수 있을까요?

선생님　고쳐야 하는 문제일까요?

나　저를 사랑하고 싶어요.

선생님　고쳐야 할 문제는 아니라고 봐요. 나의 어떤 모습을 보느냐에 따라 다르죠. 예술가를 만날 때는 예술가는 가지고 있지만 나는 가지지 못한 부분을 바라보고, 다른 사람들을 만날 때도 마찬가지잖아요. 그 시선을 바꾸면 어떨까요? '이 사람들은 예술가라서 참 예민하고 불편하겠다'고 생각할 수도 있고, 다른 사람들을 만났을 땐 '아 말이 안 통해'라고 생각할 수도 있잖아요. 똑같은 상황을 어떻게 바라보느냐에 따라 결과가 달라지죠. 지금은 기준을 내 마음대로 갖다붙이면서 괴로워하고 있어요.

나　저를 되게 괴롭히는 거 같네요.

선생님　평범하다는 말은 오히려 자신을 보호하는 방식일 수도 있어요. 열등하다고 하지는 않잖아요.

나　그러네요. 그 친구를 만나고 그 생각이 더 강해진 것 같아요. 걔가 전형적인 걸 되게 싫어하거든요. 저도 뻔한 게 싫기는 해요.

선생님   그런데 내가 뻔하다고 생각하는 거와 상대방이 뻔하다고 생각하는 게 같을까요? 공통으로 고리타분하다고 느끼는 부분은 있겠지만, 각자 차이는 있겠죠. 자기 자신을 특별하다거나 그렇지 않다고 분리하는 이분법적 사고를 지양해야 해요. '좋다, 나쁘다'만 흑백논리가 아니에요.

나   그렇군요. 저는 혼자 노는 걸 좋아해요. 다만 전제가 있어요. 저를 사랑하는 사람이 있어야 해요. 제 안부를 묻는 사람이 있어야만 혼자 놀 수 있는 거죠. 제가 6개월 동안 혼자였을 때, 어느 날 아침 눈을 떴는데 아무도 날 찾는 사람이 없고 사랑해주는 사람이 없다는 걸 깨닫고는 너무 힘들었어요. 지금도 그 생각을 해요.

선생님   관심을 얻기 위해 자신을 불안하게 만들면, 다른 사람들이 관심을 가지겠죠. 그 후 내가 편해지고 나면 사람들도 안심하겠죠? 그런데 이렇게 되면 또 좌절을 느껴요. 의도한 건 아니지만 '내가 행복해지면 사람들의 관심에서 멀어지는구나' 하는 두려움이 생길 수 있어요. 결국, 난 행복하면 안 되는 사람이 되는 거죠.

지금은 일시적인 관심에 불안함이 나아질지 몰라도, 길게 보면 이를 다 썩게 만드는 불량식품일 수도 있어요.

나　　새로 사귄 친구도 저한테 혼자 좀 있어 보라고 말하더라고요. 너무 남에게 의지하지 말고요. 자기는 혼자 있어 봤더니 누군가 나를 좋아하지 않아도 괜찮은 시기가 왔대요. 정말 혼자 있는 게 도움이 될까요?

선생님　　어쩔 수 없다면요. 그런데 굳이 그렇게 할 필요가 있을까요? 이 역시도 굉장히 극단적인 선택이라는 거죠. 지금은 공허감과 공포감이 섞여버려서 스스로를 방어하기 위해 도움을 청할 거 같아요. 하지만 누군가에게 의지하고 도움을 청하면, 당장은 만족하더라도 나중에는 혼자 설 수 없을지도 몰라요. 그러면 새로운 관심사와 즐거움에도 관심 가질 수 없게 되죠.

나　　아……, 저번에 스무 살의 내가 지금의 나를 보면 어떻게 느낄지 생각해보라고 하셨잖아요. 그게 되게 좋았거든요. 그래서 요즘 생각한 게 있는데, 예전에는 규칙과 규율에 너무 얽매였어요. 사실 저는 무리 지어 다니는 걸 좋아하지 않아요. 초등학교 2학년 때 은

　　특별해지고 싶은 마음이 너무 특별하지 않아서

경이라는 아이가 반장이었고, 대표 느낌이었어요. 무리를 주도하고요. 그런데 걔가 윤진이라는 아이를 자기 집 현관문 앞까지 데려다주게 하는 거예요. 그래서 제가 "왜 윤진이를 너네 집 앞까지 데려다주게 해?" 하니깐 뻔뻔하게 "윤진이가 좋아해" 이러는 거예요. 그래서 윤진이한테 "너 좋아?" 하니까 "응" 이랬거든요? 바로 그다음 날부터 저는 왕따가 됐어요. 은경이한테 말을 거니까 제 말을 아예 무시하고 투명인간 취급을 하더니 옆에 친구한테 귓속말을 하는 거예요. 그 이후로 모든 여자애들이 저랑 말을 안 했어요. 그 이후로 '눈 밖에 나는 행동하지 말자, 그냥 무리 안에 속해 있자'라는 생각을 하고 부단히 노력했었어요. 그런데 그 마음이 고등학교 때 바뀌었어요. 그게 점점 심해져서 대학교 때는 거의 혼자 다녔어요. 회사에서도 그래요. 그런데 그게 행복한 거예요. 그게 뿌듯하고 칭찬해주고 싶었어요. 내가 스스로 인지하고 하고 싶은 대로 한 거?

선생님 하고 싶은 대로 한다는 게 좋네요. 물론 혼자 다닌 걸막 칭찬하고 말고의 문제는 아닌 거 같고요. 선택의 문제이니까. 그런데 그렇게 해서 '행복했다'라는 기억이 남았다면, 그 부분이 편한 거죠. 나를 편하게 하는 나만의 방법을 계속 찾는 건 중요해요.

나   네. 알겠어요.

외딴섬

"저는 혼자 노는 걸 좋아해요. 다만 전제가 있어요.
저를 사랑하는 사람이 있어야 해요.
제 안부를 묻는 사람이 있어야만
혼자 놀 수 있는 거죠."

네가 이 자리가 너무 편하다고 했을 때 나는 글쎄, 나만 불편하게 느끼는 나 자신이 초라했어. 나도 이 자리를 편하게 느끼고, 편하게 말을 건네고, 편하게 웃고 싶은데 내 입 속에서 새어나가는 말들은 늘 바스러질 뿐이었어. 함께 있어도 난 그림자였어. 찐득한 어둠을 묻힌 상태로 네 옆에 꼭 붙어서 네 행동을 전부 따라 하는.

너무 좋고, 너무 편하고 이런 말들을 입에 달고 사는 네가 부러웠어. 편하게 웃고, 편하게 누군가를 좋아할 수 있는, 누군가가 좋아지면 쉽게 가까워질 수 있는 그 천진함이 부러웠어.

그놈의 자존감

나는 절절맨다. 절절맨다는 표현이 딱 맞다. 마음은 이미 절절
매고 있는데, 머리는 절절매기 싫어서 사나운 동물처럼 쏘아
붙인다. 서로 다른 감정이 한 몸에서 나오자 존재가 어그러진
다. 그렇게 온 얼굴과 귀 끝까지 붉어진 상태로 상대를 마주하
고 난 후의 버릇은 거울을 보는 일이다. 혼자만의 전쟁을 치른
직후 바라보는 얼굴은 남루하다. 빨갛고 초점 없는 눈, 잔뜩 흐
트러진 앞머리, 도무지 무슨 생각을 하고 사는지 모르겠는 짙
고 흐린 표정. 불투명한 존재 같다. 바닥까지 추락하는 감정을
느끼고, 애써 부여잡아온 정신의 균형이 다시금 무너진다.

선생님   어떻게 지내셨어요?

나   잘 지내다가 목요일과 금요일에 조금 안 좋았다가,
        다시 괜찮아졌어요.

선생님   조금 안 좋았다는 건, 무슨 일이 있었어요?

나   저번에 친구 이야기 했었잖아요. 제가 불안감을 보이
        는 게 상대에게는 부담이 될 수 있다고 하셨고요. 이
        걸 머리로는 알아도 실제로는 잘 되지 않아요. 술 마
        시면 본심이 나올 때가 있잖아요. 목요일에 그 친구
        랑 맥주를 마시면서 대학교 마지막 학기 때 친했던
        친구 이야기를 했어요. 그러면서 제 불안감을 또 이
        야기한 거예요. 전에도 했던 얘기인데……, 그게 너무
        후회됐어요.

선생님   친구의 반응은요?

나   그냥 '그렇구나' 이런 반응? 계속 똑같은 이야기를 하
        니까요. 그것 때문에 새벽에 엄청 우울하고 후회됐다
        가, 금요일에는 또 금방 괜찮아졌어요. 제가 누군가를
        좋아하면, 그 상대가 저를 만만하게 볼 거 같다고 했
        잖아요. 그리고 저는 언니한테 의지하고 언니의 챙김
        을 받던 입장이었거든요. 늘 친구 관계나 연인 관계

에서 내가 상대를 지켜주거나 도와주기보다는 받는 쪽이었어요. 그런데 이 친구한테는 처음으로 '뭐든 다 해주고 싶다'라는 생각이 들었어요.

선생님 본인 모습이 보이던가요?

나 그런 건 아니에요. 좀 달라요. 걔는 자기 감정을 드러내는 것에 익숙하지 않아요. 저는 자기 표현을 잘한다고 생각하거든요? 내 느낌, 내 감정을 언어로 잘 정리해서 전달하는 편인데, 걔는 잘 못해요. 자기도 잘 못한다고 그러더라고요. 감정을 억제하는 스타일이라서 걱정됐어요. 이건 제가 책에서 본 건데, '감정에도 통로가 있어서 부정적인 감정이라고 해서 자꾸 닫아두고 억제하면 긍정적인 감정까지 나오지 못하게 된다, 감정의 통로가 막힌다'라는 이야기가 있었어요. 저는 이 글이 정말 공감됐거든요? 그래서 친구한테도 말해줬어요. 그런데 그 후부터 친구가 별로 중요하지 않은 이야기인데도 카톡을 몇십 개씩 보내서 좀 귀찮았어요.

선생님 귀찮았어요?

나 네.

그놈의 자존감

선생님 지난주까지만 해도 안 그랬잖아요.

나 네. '내가 잘해주니까 이제 만만한가?'라는 생각이 지배적이었어요. 그래서 목요일에 더 힘들었던 거 같아요. 금요일에 왜 괜찮아졌냐면, 제가 왜곡된 생각을 많이 하잖아요. 그래서 '다시 생각해보자!' 하고 되짚어보니 그 친구는 원래 그런 성격인 거예요. '원래 상냥한 스타일이 아니고 내가 편하고 친해서 그러는 거지 내가 만만해서 그런 건 아니다'라는 생각을 했어요. 두 번째에는 '얘가 나를 만만하게 보면 어떻고, 우습게 보면 또 어때? 그럴 수도 있지'라고 생각했어요.

선생님 대학교 때 친구 이야기를 해서 괴로웠던 건 아닐까요? 그런 생각은 안 했어요?

나 목요일에는 그 이야기를 한 걸 엄청 후회하고, 나는 왜 이렇게 사람을 질리게 만들까 자책했어요. 그런데 다음 날 그 친구가 아무렇지도 않아서 안심했어요. 만약 저를 소홀하게 대했다면 '그 이야기 때문이야'라고 믿었을 거 같아요.

선생님 중간이 없네요.

나 늘 극단이죠. 백극단.

선생님 　질려할까 봐 걱정했었는데 스스로 질리고 있네요?

나 　네. 이런 이중적인 감정이 이상해서 말씀드렸어요. 그리고 저번에 얘기했던 '간택 받았다'는 게 제 책임감을 유발할 수도 있다고 하셨잖아요. 그때는 인정 안 했는데 맞는 거 같아요. '얘가 나를 선택했으니까, 나한테 마음을 열어주었으니까, 나는 더 잘해줘야 해'라는 생각이 들었어요.

선생님 　계급사회가 아닌 이상 누가 누군가를 뽑고 이럴 권리는 없어요. 그냥 상호작용이죠. 연애할 때도 내가 우위에 섰다가 불리해졌다가 이렇게 왔다 갔다 하잖아요?

나 　네. 그게 싫으니까 최종적으로 나를 가장 많이 좋아해주는 사람을 만나고.

선생님 　친구에게 빈틈이 보이니까 약간의 우월한 감정이 생기는 거죠. 거꾸로 친구의 태도가 별로였다고 해도 다른 이유가 있으려니 할 수도 있는 건데, 극단적으로 끝과 끝만 생각하네요. 얼마든지 다른 방향으로도 생각할 수 있어요. 어떻게 보면 둘 다 공존할 수도 있는데, 모든 것들을 극단적으로 순위를 매기는 것 같

　　　　　　　　　　　　　그놈의 자존감

아요. 그러다 보면 이 사람의 태도에 따라서 내 태도도 달라지게 돼요. 내가 받은 만큼만 주는 걸로. 그게 스스로를 힘들게 할 거고요.

나   아, 맞아요. '나는 진심인데 얘는 그냥 외로우니까 나한테 기대는 거 아닐까? 나를 만만하게 보는 거 아닐까?'라는 생각이 들었어요. 그 생각이 드니까 '아 그럼 싫어!'라는 감정이 바로 떠올랐고요.

선생님   그 불안감이 상대를 더 불안하게 만들었을 수도 있어요. 상대방도 나와 똑같이 느낄 수도 있거든요. 무의식적으로요. 마치 자석 같을 수 있어요. 가까이 가면 더 멀어지고, 멀어지려고 하면 가까워지는. 그냥 그 관계 자체에 더 이상 무리를 안 했으면 좋겠어요. 역으로 생각하면 사실 귀찮다고 하면서도 관심을 즐겼을 수도 있어요.

나   맞아요. 귀찮으면서 즐겨요. 변태 아니야 진짜?

선생님   뭐가 또 변태예요. 누구나 다 그렇지. 자존감을 지키기 위한 최소한의 수단 정도로만 생각하면 될 거 같아요.

나   괜찮아요?

선생님   네.

나   저는 되게 작은 집에서 살았거든요? 요새는 아파트 베란다만 봐도 평수를 대충 알 수 있잖아요. 저는 그게 창피했어요. 그런데 창피해하는 내가 더 창피한 거예요. 그래서 성인이 되고 나서는 애인과 친구들한테 더 당당한 척 말하고 그랬거든요? 그런데 언니랑 동생은 거짓말을 하는 거예요. 그래서 제가 "왜 거짓말을 해?" 하면 "뭐 여기나 거기나 비슷하잖아? 굳이 알려줄 필요 없잖아"라고 별 대수롭지 않게 말을 하는 거예요. 저는 죄책감이 드는데요.

선생님   그럴 수 있죠. 자신이 편하다면요.

나   아…….

선생님   너무 강박적으로 이상화된 잣대를 계속 가져와서, 그 기준에 맞추려고 하는 거죠. 자신을 벌주는 방법은 여러 가지가 있어요.

나   저 나아지고 있나요? 전문가 입장에서요.

선생님   괜찮은데요?

나   저는 좋아지고 있다고 느껴요. 회사에서도 편해요.

선생님   다른 것보다 귀찮은 친구가 생겼잖아요. 친구의 반응

그놈의 자존감

이 귀찮다고 했잖아요.

나   저 자주 귀찮아해요. 그게 누구든. 그냥 '얘가 나를 싫
        어하면 어쩔 거야, 귀찮으면 어쩔 거야' 같은 마음으
        로 관계를 맺는 게 좋아요?

선생님   과연 어떤 행동 하나하나가 '나를 싫어해서', '나를 좋
        아해서'를 대표할까요? 친구의 행동도 친구가 싫다기
        보다 그 친구의 행동이 싫었던 거잖아요. 지금은 상
        대의 어떤 행동 하나하나를 '거절'로 해석해서 받아
        들이고 있어요.

나   늘 그래요. 반응 하나에도 '이제 내가 싫은가 봐'라고
        생각하는 거요.

선생님   충분히 다른 이유를 생각할 수 있는데도 가장 극단적
        인 생각을 하죠. 그 생각의 기준이 상대에게도 적용
        되고요. 내 생각이 나를 괴롭게 만드는 거예요.

나   네. 자꾸 극단적인 생각에 휘말리니까 좀 건강한 관
        계를 맺고 싶다는 생각이 들었어요.

선생님   누굴 만나든 절대적인 선은 없거든요. 불만도 있을
        수 있고요. 늘 부분과 전체를 구분했으면 좋겠어요.
        하나가 마음에 든다고 이 사람 전체가 다 마음에 들

고, 하나가 마음에 안 든다고 해서 전체가 싫어지는
건 아니잖아요. 좀 다르게 생각하는 시도를 하면 좋
겠어요.

의존에 의존하지 않도록

"감정에도 통로가 있어서
부정적인 감정이라고 해서 자꾸 닫아두고 억제하면
긍정적인 감정까지 나오지 못하게 된다."

선생님에게 의존하기 시작한 것 같다. 지금의 나에게는 선생님이 절대적인 선으로 보이나 보다. 전문가고, 해결책을 제시해주니까.

내 속에 있는 진부한 감정을 털어내고 싶다. 특별한 척을 하고 싶은 게 아니라(스스로를 특별하게 여기는 건 중요한 일이지만) 행복해지고 싶어서다. 이를테면 타인의 감정과 행동이 주가 되어 나를 지배하는 것, 잘못된 생각의 행로가 극단적인 감정으로 치닫는 것, 이 모든 반복적 행위가 나란 사람을 규정하고 틀 안에 가둬두는 것을 부수고 싶어서다. 내 삶의 주인이고 싶다. 하고 싶은 대로 하고, 그래서 후회하지 않는 삶.

극단적인 감정으로 나를 내몰고 나면 내가 행복해질까? 칼같이 나를 객관화시켜서 내게 남는 건 무엇일까? 때론 나를 지키기 위해 합리화도 필요하다. 자신을 객관적으로 보고 싶다는 이유 하나로 너무 오랜 시간 가슴에 칼을 대왔다. 내가 지금부터 연습할 건 '이렇게 해야 한다'의 공식 안에 갇히지 않고 주관적인 개인을 인정할 것.

저를 잘 알려면
어떻게 해야 하죠?

선생님   어떻게 지내셨어요?

나   잘 지냈어요.

선생님   낮에는 안 졸렸나요?

나   네. 밤에도 잘 잤어요. 중간에 두세 번 깨기는 했지만,
        어제도 열 시간 잤고요. 그런데 술에 취했을 때는 괜
        찮은데, 잠에서 깨면 자꾸 전 애인이 보고 싶어요. 왜
        그럴까요?

선생님   연락은 안 오나요?

나   안 와요.

선생님   생각이 안 나는 게 더 이상하죠. 함께한 시간이 있으

니까요. 그걸 이상하게 생각하지는 마세요.

나   어떻게 보면 술 취했을 때가 더 진심 아닌가요?

선생님   술 취한 게 꼭 진심이라고 생각할 필요는 없어요. 취할 때 어느 정도 용기나 충동이 생기기는 하겠지만, 제3의 인격이 나오기도 해요.

나   (갑자기 빗소리가 들림) 지금 비 오나 봐요. 그리고 친해진 친구가 새로운 영향을 주거든요. 어떤 사람과 가까워지면 그 사람이 좋아하는 걸 같이 공유하고 싶잖아요? 그래서 걔가 좋아하는 책을 읽고 음악도 들어봤는데, 새로운 책과 음악을 알게 돼서 기뻐요. 또 다음 주부터 제가 좋아하게 된 작가의 소설 수업을 듣게 됐어요.

선생님   혼자 하는 건가요?

나   네. 예전에 떨어졌던 브런치(글쓰기 플랫폼 사이트) 작가도 이번에 선정됐어요. 그게 좋았고, 또 친구랑 일주일에 한 번씩 거기에 독후감 쓰기로 했어요(그러나 단 한 번으로 끝이 났다). 그리고 제가 2년 동안 소설을 안 썼는데, 오랜만에 단편소설 구성을 짰더니 기분이 좋아졌어요. '완전히 솔직해져 보자'라는 생각으로 짜봤어요.

선생님   상상의 나래를 펼치면 도움되는 게 많죠. 현실에서의 충동을 줄여줄 수도 있고, 대리만족도 되고요. 문신은 어떻게 됐어요?

나   오늘 하러 가요.

선생님   누구랑 갑니까?

나   혼자 가요. 오늘 새로운 사람을 만나요. 제가 블로그를 하는데, 혼자 낙서하듯이 글 쓰는 곳이거든요? 언제부턴가 글에 하트를 누르는 사람이 한두 명 생겼어요. 저도 자연스럽게 그 사람들이랑 이웃도 맺고, 글도 보고요. 친밀하게 지내는 건 아니었고 관심도 없었어요. 그런데 제가 내원기록을 쓰기 시작한 날 어떤 사람이 힘내라고 댓글을 달았어요. 그 후 제가 '완전히 우울하다'는 내용의 글을 썼는데 그 사람이 힘내라고, 나중에 맛있는 거 사주겠다는 내용의 쪽지를 보낸 거예요. 그때 왜 그랬는지 모르겠지만 "토요일에 갈게요" 하고 약속을 정했어요. 오늘 저녁에 그 사람을 만나요.

선생님   두렵지는 않나요?

저를 잘 알려면 어떻게 해야 하죠?

나   이상하게 두렵지 않아요. 소통 아닌 소통을 해서 그
           런가? 원래 성격 같으면 인신매매면 어쩌지 하면서
           되게 무서워하거든요? 그런데 이번에는 이상하게 안
           무서워요.

선생님   글로 소통하다 보면 서로를 이해하게 될 수도 있지
           만, 조심하긴 해야죠. 하지만 그게 뭐든 본인이 선택
           한 거라면 좋네요.

나   예전 같았으면 '인터넷으로 만남? 뭐야 극혐이야!' 이
           랬을 텐데, 전혀 이상하다는 생각이 안 들어요. 그래
           도 한 시간 이상 연락 안 되면 친구한테 신고하라고
           해야겠다.

선생님   그럴 거면 뭐 하러 만나요(웃음). 만날 때 연락처를 교
           환할 거 아니에요?

나   네, 그때 교환했어요.

선생님   연락처를 친구한테 알려주면 되겠네요. 헤어진 애인
           한테 연락 안 오는 건 섭섭하지 않나요?

나   섭섭하지는 않고요. 조금 더 시간이 지나면 제가 연
           락해볼 생각이에요. 그 애가 저랑 정말 끝내려고 생
           각했다면 이렇게는 아니었으면 해요. 마지막이 너무

형편없었어요.

선생님   왜 시간이 필요해요?

나   분노가 누그러질 시간? 같은 거요. 가슴 아픈 사실은,
         저는 그 애를 절대 무시한 게 아니거든요. 하지만 그
         애는 제가 자기를 완전히 무시했다고 생각할 거란 말
         이에요. 그게 그 애를 오랫동안 괴롭게 할까 봐 걱정
         돼요.

선생님   어쨌든 그 시간을 잘 마무리 짓고 싶다는 마음은 좋
         은 거죠. 하지만 예전에는 '나한테 어울리고 필요한
         사람은 이런 사람이야'라고 생각했다면, 이제는 다양
         한 상대를 만나보며 균형이 잡힐 수도 있어요. 예를
         들어 첫사랑과 헤어지고 나면 '다시는 이런 사랑 못
         할 거야' 하는 사람도 있지만, 시간이 지나면 새로운
         사람으로 잊히죠. 지금은 마치 사춘기를 겪는 것처럼,
         지금까지와는 조금 다른 선택도 해보고, 실패할 것을
         뻔히 알면서도 실패를 경험해볼 시간이 필요할 거 같
         아요.

나   맞아요. 그리고 친구들이 요즘의 저를 좋아해요. 밝아
         졌대요.

선생님 친구들의 이야기보다는 자신의 만족도가 더 중요해
      요(단호박).

나   그게 자꾸 왔다 갔다 하니까……, 이번 주는 좋았어
      요. 저 자신도 마음에 들었고요. 다시 글 쓰려고 하는
      것도, 소설 수업 신청한 것도 좋고, 이번 주는 저에 대
      한 만족감이 높았어요.

선생님 문신도 잘돼야 할 텐데.

나   잘될 거예요. 그리고 저번에 선생님이 그러셨잖아요.
      좋은 것들도 많이 널려 있는데 나쁜 증거만 찾아서
      사용한다고요. 제가 왜 그랬을까 생각해봤어요. 예를
      들어 제가 누구한테 차였어요. 그러면 '걔는 나를 좋
      아하지 않아'라고 생각하다가도, 책 내용 중에 '사랑
      의 모양과 색깔은 다 다르니 네 생각대로만 판단하지
      마라' 이런 글귀를 보면 '맞아 걔도 다양한 생각을 할
      수 있겠지, 다른 사정이 있을지도 몰라' 이렇게 생각
      을 바꾸다가도 제가 합리화하는 것 같아서 안 하려고
      해요.

선생님 합리화를 왜 부정적으로 보세요?

나   뭔가 진실을 거부하고 받아들이지 않는 느낌?

선생님	성숙한 방어기제 중 하나예요. 자신의 상처나 결정에 대해 이유를 찾는 거니까.
나	나를 지키려는 방법으로 괜찮은 거예요?
선생님	네. 이성적인 판단을 하는 거죠. 과도해지면 또 다른 문제가 될 수 있겠지만, 얼마든지 좋게 바라볼 수도 있어요.
나	친구가 저한테 연애상담을 한 적 있어요. 그래서 제가 "야 그거 어장관리야! 어장관리도 모르냐?"라고 말을 했어요. 그런데 친구는 제 말에 전혀 영향받지 않았어요. "아니야. 네가 말로만 듣고 우리 사이를 잘 몰라서 그래" 이런 식으로요. 저도 그렇게 되고 싶어요. 여태까지는 타인의 말에 더 의존하고, 타인의 기준으로 판단했던 거 같아요.
선생님	그러려면 일단 나 자신을 제일 잘 알아야겠죠.
나	그렇죠. 저는 저를 잘 모르는 것 같아요.
선생님	그러니까요.
나	저를 잘 알려면 어떻게 해야 하죠?
선생님	많이들 자기 자신을 제일 잘 안다고 생각하지만, '정말 내가 잘 알까? 마치 장님이 코끼리 다리 만지듯이

내가 보고 싶은 모습만 본 건 아닐까?'라고 생각해보
는 거죠.

나　　　그럼 뭐가 맞아요?

선생님　나중에는 입체적인 모습을 봐야 하겠죠.

나　　　아, 맞아요. 맞아요. 사람을 다면적으로 보게 되면 그
사람을 미워할 이유가 없는 거 같아요. 나도 좀 그러
고 싶다는 생각을 했어요.

선생님　아기들이 읽는 동화책은 평면적이잖아요. 나쁜 사람
과 좋은 사람이 딱 나누어져 있죠. 하지만 성인이 된
후에 읽는 책 속 인물들은 단순히 '좋다, 나쁘다'의 기
준으로만 말할 수 없잖아요. 사람을 종합적으로 보고
나서 판단하셨으면 좋겠어요. 자신을 볼 때도 마찬가
지고요.

나　　　적어보는 건요?

선생님　적어보는 것도 도움이 되죠. 또 현실에서 할 수 있는
건 그때그때 행동으로 해보는 거예요. 내가 오늘 문
신을 한다면 문신하기 전 느낌과 문신하고 나서의 느
낌을 적는 거죠. 그러다 보면 나중에 공통적인 부분
을 찾을 수도 있을 거예요. '내가 어떤 면에 두려움을

느끼는구나, 어떤 면에 안도감을 느끼는구나' 같은 거
요. 입체적으로 바라볼 수 있는 하나의 도구가 될 수
있어요.

저를 잘 알려면 어떻게 해야 하죠?

'나'라는 존재

"합리화를 왜 부정적으로 보세요?
성숙한 방어기제 중 하나예요.
자신의 상처나 결정에 대해 이유를 찾는 거니까."

나 자신을 깊이 들여다보는 건 언제나 힘들다. 부정적인 감정에 휩싸였을 때 더더욱. 뭐라고 해야 할까. 쓰레기를 밟고 있는 걸 아는데도 굳이 손으로 집어 올려 쓰레기임을 확인하는 기분. 오늘이 딱 그랬다. 괜히 징징대고 싶었다. 기대고 싶었고 우울하고 싶었다. 지금 내게 우울함은 가장 쉬운 길이고, 익숙하고, 가까운 정서니까. 매일 같은 시간에 깨듯 굳어진 습관이니까.

시간이 지나면 괜찮아질 거야. 아니, 모든 건 유동적이니까 삶도 파도처럼 널뛰며 좋아졌다 나빠졌다 반복할 거야. 오늘 우울하면 내일 행복해지고, 내일 행복하다면 또다시 우울해져도 돼. 나를 사랑하기만 하자.

나는 나밖에 없는 존재, 그것만으로도 특별한 존재, 내가 평생 동안 돌봐야 할 존재, 그러므로 애정을 갖고 따스하게 한 걸음씩 찬찬히 느리게 조목조목 짚으며 도와줘야 할 존재, 잠시 숨을 내쉬며 휴식하거나 때론 채찍질하며 나아가야 할 존재, 나를 들여다볼수록 행복해질 거라고 믿는다.

규정하고, 단정 짓고,
실망하고, 떠나고

선생님   잘 지내셨어요?

나   아니요. 저번에 친해졌다는 친구 있잖아요. 언젠가부
터 그 친구의 눈치를 자주 보게 됐어요. 영향도 크게
받았고요. 그 친구에게 책을 빌려줬는데, 제 책 취향
을 부정당할까 봐 두려웠어요.

선생님   반응이 별로였나요?

나   감상을 카톡으로 보내줬는데, 내용이 제가 느끼기에
는 비난에 가까운 느낌이었어요. 사실 비난했더라도
그 책을 비난한 것뿐인데, 저와 그 책 모두를 공격하
는 것처럼 느껴졌죠. 그래서 저도 모르게 "넌 오만하

고 피곤해"라고 막말을 던졌어요. 그랬더니 더 심한 막말이 돌아왔고, 저는 상처받아서 그 카톡을 다 씹어버렸어요.

선생님 기분이 어땠나요?

나 그 친구를 잃었다는 사실보다는 또 나를 무시하는 사람을 만났다는 데에 초점이 맞춰졌어요. 엄청 우울해졌고 화가 났죠. 만만한 내가 싫었고, 그 친구도 미웠어요.

선생님 가장 큰 문제는 역시 흑백논리네요.

나 흑백논리요?

선생님 네. 자신을 코너로 몰아넣고 '흑과 백' 둘 중 하나만 선택하려고 하네요. 사람을 사귀거나 안 사귀거나, 아주 친하거나 다시는 보지 않거나, 터뜨리거나 참는 거요. 늘 예스 아니면 노의 선택지만 존재하고, 중간 단계는 아예 없네요. 그리고 그 친구와는 '특별한 관계'라는 생각에 참고 버티며 관계를 이어가려고 했을 수도 있어요. 진짜 자신의 모습이 아니니까 지친 거고요.

나 맞아요. 처음에는 그 친구와 제가 비슷하다고 생각

했지만 알고 보니 달랐고, 그래서 자주 부딪힌 거 같아요. 그 친구가 내 생각과는 다른 의견을 말하면 저를 공격한다고 느꼈고, 상처받았어요. 그래서 상처받지 않기 위해 그 친구의 생각에 나를 맞추거나, 아예 보지 않는 선택지밖에는 없었죠. 솔직하게 말을 해볼 수도 있고, 조금은 서먹한 관계를 이어갈 수도 있었을 텐데…….

선생님   회색에도 무수히 많고 다른 색이 있는데, 회색은 하나라고 단정 짓는 것 같아요. 스펙트럼도 입체적일 수 있는데 일자로 보는 것 같고요.

나   부끄럽네요. 사람은 입체적이라고 늘 생각하면서, 전 매번 평면적이에요. 그래서 사람의 어떤 모습을 보고 '이 사람은 이런 사람'으로 규정하고 단정 짓고, 평가하고 떠나곤 해요.

선생님   예를 들어 세희 씨가 어떤 작가의 글을 좋아했어도, 그 사람을 실제로 보고 실망스럽다면 바로 돌아설 거 같아요.

나   헐 맞아요. 그건 그 사람의 일부분일 뿐인데.

선생님   이 문제는 상대를 평가하는데서 그치는 게 아니라 자

규정하고, 단정 짓고, 실망하고, 떠나고

신에게도 그 잣대가 그대로 되돌아온다는 게 큰 문제예요. 만취한 다음 날에 괴로워하는 것도 비슷한 이치죠.

나 제가 허물어지는 어떤 모습을 보이면, 그 부분 때문에 주위 사람들이 저를 싫어하고 떠날 거라고 생각해요. 하지만 저는 사랑하는 사람들의 다양한 모습을 알고 있어요. 못난 부분, 멋진 부분, 소심한 부분 등등……. 부정적인 부분이 있어도 그냥 그 사람이기에 좋아하죠. 그러면서도 저 자신은 아주 작고 부분적인 측면으로도 금세 버려질 수 있다고 생각하고 불안해해요.

선생님 결국 자존감 때문이겠죠. 자존감이 높고 내 취향에 대한 확신이 있다면 그 사람이 그걸 비판하든 비난하든 신경 쓰지 않을 거예요.

나 그러게요. 얼마나 제 취향에 자신이 없으면 그런 걸 걱정했을까요. 평가가 도대체 뭐라고. 확실히 저는 자존감이 낮고, 그 친구에게 많은 영향을 받고 있었어요. 제 중심이 곧게 서 있지 않으니까 상대의 이야기가 나를 향한 공격으로 느껴지고, 다양성이 있을 수 있는데도 그걸 '옳다 그르다'는 시선으로만 보게 된 것 같아요.

선생님 또 다른 일은 없었나요?

나 이번에 깨달은 게 있어요. 저는 애정과 영향력을 동일시했어요. 제 뿌리가 너무 약하고 깊지 않기 때문에 상대에게 많은 영향력을 행사해야만 안심할 수 있었죠. 그래서 상대가 제게 영향을 받으면 받을수록 저를 사랑하는 거라고 믿었고, 관계가 견고해진다고 생각했어요. 견고해지는 것과 엉망진창으로 섞여 들어가는 건 다른 건데, 머리로는 타인과 내가 주체성을 가지고 함께 가는 게 건강한 관계라고 여기면서도, 마음은 상대가 내 말에 큰 영향을 받지 않고(여기서 말하는 영향은 내 말에 크게 흔들리거나 감명받고, 내 가치관대로 행동하고, 변화하고, 따르는 것을 말한다. 정말 이상함) 온전한 자신으로 존재하면 저를 깊게 사랑하는 것 같지 않아서 불안했어요.

선생님 인정욕구를 더 강하게 만드는 행위예요. 내가 영향받고 싶을수록 상대에게 영향을 주려고 노력할 테고, 상대가 반응하지 않으면 더 노력하겠죠. 그러다가 지

규정하고, 단정 짓고, 실망하고, 떠나고

처버리는 거예요. 이것 또한 극단적이고, 자신의 한계를 규정하고 있는 거죠. '내가 영향을 주어야만 날 사랑하는 거야'라는 믿음도 극단적이죠.

나 그럼 어떻게 해야 하죠?

선생님 자신에게 더 집중해야 해요. 구체적으로 내가 좋아하는 게 무엇인지 직접 써보고, 내가 보는 나와 주변 사람들이 보는 나의 차이점도 써보세요. 그리고 눈치 보며 했던 행동들을 좀 더 주도적으로 해보는 게 좋아요.

나 전 제 마음대로 행동하는 편인데요?

선생님 정말 모든 사람한테 다 같은 행동을 하나요?

나 아니요. 그 친구한테는 좀 맞춘 거 같아요. 왜 그랬는지 모르겠어요. 내가 아닌 내 모습이 자꾸 나오니까 지치고, 안 그러려고 하면 싸가지 없게 대하게 돼요.

선생님 그렇게라도 진짜 나를 표출해야죠. 좀 더 주도적으로 사람들을 의식하지 말고 내가 하고 싶었던 것들을 하세요. 지금은 관계가 좁고 삼각형 같아서 마음을 많이 찌르겠지만, 팔각형보다 십육각형이 원에 더 가깝잖아요? 다양하고 깊은 관계가 많아질수록 원처럼 동

그랗고 무뎌져서 마음을 덜 찌를 거예요. 괜찮아질
거예요.

나   (감동의 눈물) 네. 감사해요.

규정하고, 단정 짓고, 실망하고, 떠나고

그날의 진실과 삶의 진실

"사실 아무도 저를 무시한 적 없고,
제가 가장 저를 무시하고 있었어요."

인간은 입체적이라는 말은 내가 가장 많이 쓰는 말. 하지만 가장 실천하지 못하는 말. 사람은 모두 여러 면을 가지고 있고, 행복과 불행은 공존하고, 모든 일은 다 상대적이다. 아무도 날 무시한 적 없고, 사실은 내가 가장 날 무시하고 있다. 그 애와의 카톡을 다시 보니 그냥 넘길 수도 있는 일이었다. 그 애가 나를 무시한다는 전제가 깔려 있었으니 그 내용이 고깝게 보일 수밖에 없었다. 그래서 그 애가 반응할 못된 말로 공격했던 거고, 관계의 끝을 위해서.

자꾸 무시당하는 기분이 들어서 관계를 파탄 내는 사람들이, 나처럼 극단적인 사람들이 이 글을 보면 좋겠다. 우리는 다 여러 부분을 가지고 있다. 그게 전부다. 그걸 가지고 이 사람과 관계를 이어가거나 그만두는 문제가 아니라는 뜻이다. 머리로는 잘 아는데 마음은 잘 섞이거나 녹아들지 않는다. 불행은 불행대로 기름처럼 우위를 차지하고 행복은 밑으로 꺼진다. 그래도 이것들이 모두 담긴 통이 삶이라는 건 큰 위안이고 기쁨이다. 슬프지만 어쨌든 난 살아가고 살아내고 있다. 그게 위안이자 기쁨이다.

드디어, 약물 부작용

혼자 있는 시간을 좋아했다. 방에 누워서 책 읽고 사색하는 시간, 산책하는 시간, 버스나 지하철 안에서 음악 듣는 시간, 낮잠 시간, 내가 제일 사랑하는 시간이었다. 그런데 지난 2주간 지루함이라는 단어가 일상을 짙게 채웠다.

회사에서의 시간이 이렇게 고통스러운 적은 처음이었다. 어떤 것에도 집중할 수 없었고 가만히 앉아 있는 자체가 힘들었다. 결국, 금요일에 반차를 썼다. 하지만 반차를 쓰고 집에 있는데도 불안과 초조, 지루함을 참을 수 없었다. 그때야 약물 부작용이 아닐까 의심했고 병원을 찾고 나서야 부작용 증상이 맞음을 확인했다. 허탈했다. 약은 정좌불능이라는 부작용을 가져왔다.

　　　정좌불능이란 착석 불능이라는 뜻으로, 가만히 앉은
채로 있을 수 없는 상태를 가리킨다. 서거나 앉거나 제자리걸
음을 하며, 정신안정제 사용 중에 종종 볼 수 있는 부작용이라
고 한다.

나　　약에 내성이 생기나요?

선생님　내성이 생기는 약도 있어요.

나　　지금 내성이 나타날 시기인가요? 원래 약을 먹으면
　　　나른해지면서 안정되는 걸 느낄 수 있었는데, 지금은
　　　초조함이 계속돼요. 저는 그걸 지루함이라고 생각했
　　　고요. 일단 회사 일에 집중하지 못한 지가 한 달 정도
　　　됐고, 무언가를 계속하지 않으면 지루함을 견딜 수가
　　　없어요. 버스 타고 이동하는 30분도요. 이거 부작용
　　　증상인가요?

선생님　네. 부작용이네요. 지난번에 늘렸던 약 때문인 것 같
　　　아요. 가만히 앉아 있는 게 힘들다는 거죠?

나　　너무 힘들어요. 너무 너무 너무.

선생님　전화를 하시지 그랬어요.

나	'지금 일하기 싫으니까 지루함을 쉽게 느끼는구나' 했는데, 불현듯 부작용 같다는 생각이 들더라고요.
선생님	지난번에 반 알로 드시다가 한 알로 늘린 약 때문인 거 같은데요.
나	너무 힘들어요.
선생님	누워서 잘 때는 괜찮았나요?
나	취침 약이나 술을 마시지 않으면 초조함과 지루함이 계속돼서 잠을 못 자요. 그리고 잠들면 쉽게 깨고, 미칠 거 같아요. 술 취하면 좀 자요.
선생님	술에 들어 있는 알코올 성분이 그 약의 부작용을 좀 낮춰주거든요.
나	저는 술이나 약에 의존한다는 생각이 들었어요.
선생님	힘드셨겠네요.
나	힘들었어요. 우울한 거와는 좀 달랐어요. 저는 인지하는 게 느린 거 같아요. 그리고 약을 먹기 시작한 후로 낮잠을 못 자요. 잔다고 해도 이게 잠인지 현실인지 구분 안 될 정도로 얕은 잠을 자요.
선생님	지금 약 하나 드릴게요. (약 먹음) 감정적으로는 어땠어요?

드디어, 약물부작용

나　　　　예민했어요.

선생님　　예민할 수밖에 없죠. 운동은 좀 하셨어요?

나　　　　아뇨, 안 했어요. 그냥 회사 끝나고 집에 걸어갔어요.
　　　　　그땐 조금 후련했고요. 회사에 있을 때도 자꾸 밖으
　　　　　로 나갔어요. 이런 부작용이 있다고 왜 말씀 안 하신
　　　　　거죠?

선생님　　그게 원래 썼던 약이거든요. 그 약을 조금 올린 거라,
　　　　　일반적으로는 부작용이 나타나기 힘들어요. 아침저
　　　　　녁으로 부작용을 막아주는 약을 처방하고 있었고요.
　　　　　아침 약을 먹으면 그 순간에는 조금 낫지 않던가요?

나　　　　네. 근데 졸렸어요. 진짜 엄청 힘들었어요. 일기에도
　　　　　이런 이야기밖에 없어요. '초조하고 불안함을 참을 수
　　　　　없다.'

선생님　　무엇 때문이라고 생각했나요?

나　　　　처음에는 활동적인 사람이 되는 거라고 생각했어요.
　　　　　그런데 혼자 있는 시간을 간절히 원할 때도 막상 혼
　　　　　자 있으면 잠깐 편하고, 지루함이 계속됐어요. 쉽게
　　　　　마음이 뾰족해지고 주변 사람들과의 관계도 좋지 않
　　　　　았어요.

선생님 몸이 안 좋으니까 예민해졌을 거예요. 2주 전에 오셨을 때, 틀에 박힌 생각에 몰입하는 걸 방지하고자 약을 늘린 건데, 몸이 못 받아들일 줄은 몰랐어요.

나 조정할 수 있는 거예요?

선생님 할 수 있죠.

나 약을 먹지 않으면 초조한 게 확 느껴지니까, '계속 이렇게 약을 먹어야 하나?' 하는 불안감에 시달렸어요.

선생님 지금 약을 드신 지 3개월이 조금 넘었어요. 보통 치료 기간은 증상에 따라 다르지만, 힘들었던 기간이 짧으면 짧을수록 치료 기간도 짧아져요. 조금은 길게 생각하시는 게 어떨까요.

나 네. 저는 매번 똑같은 문제를 이야기하고, 선생님도 늘 같은 답을 이야기하는 거 같아요. 제 성향이 바뀌지 않으니까 똑같은 문제가 계속되는 것 같아요.

선생님 지금 말씀하신 게 되게 중요해요. 지금까지는 나도 모르게 했던 행동인데, '내가 늘 비슷한 선택을 하는구나'를 인지했다는 것 자체가 치료죠.

나 중간이 없는 흑백논리는 계속해서 나온 문제잖아요. 그래서 중간의 선택을 하고 싶었어요. 싸운 친구와 파괴적으로 관계를 끝내기도 싫었고요. 그래서 친구한테 제 상황을 다 이야기했죠. 네가 나를 무시한다는 생각이 들었지만, 나는 너무 극단적이라서 너를 이해하거나 관계를 끊는 두 가지 선택지밖에 없었다고요. 그 이야기를 다 털어놓으니까 마음이 편했고, 친구와도 잘 풀어냈어요.

선생님　좋네요. 아마 지금까지는 맺지 못했던 관계일지도 몰라요. 이렇게 행동했을 때 자유로움이 늘어가고, 서로 책임도 나누어 가질 수 있고요. 용기를 내서 말하고 풀어냈다는 건 굉장히 좋게 생각해야 해요. 지금까지 벌어진 일들은 다 약 때문이라고 치부해도 좋을 거 같고요.

나　　마음이 놓여요. 일도 하나도 안 했어요. 진짜 끔찍한 부작용인 것 같아요.

선생님　용어로 하면 정좌불능이라고 해요.

나　　정좌불능 대박. 그 와중에 이렇게 있으면 안 되겠다는 생각에 무언가를 분주하게 했거든요? 제가 마케터인데, 편집자가 되고 싶어서 편집자 강의를 듣기 시작했어요.

선생님   가능했어요?

나   힘들었어요. 듣기 전에 늘 술을 마셔서 가능하지 않았나 싶어요. 그래도 재미를 느꼈던 건 책을 기획하는 일이에요. 기획서를 3장 썼는데 재미있었어요. 제가 쓸 책도 기획하고 있거든요. 이것들이 조금 위안이 됐어요.

선생님   혹시 문신한 것도 부작용의 영향인가요?

나   잘 모르겠어요. 계획대로 하긴 했는데, '그냥 해버리고 싶다'고 생각하긴 했어요.

선생님   한쪽 팔에만 했네요?

나   네.

선생님   사랑을 확인할 땐 주로 어떤 방식을 쓰나요?

나   불안하다고 말해요. "나 좋아?"라던가, "잘 모르겠어, 불안해" 이런 식으로 표출해요.

선생님   그래도 표현하긴 하네요. 약이 마음 상태와 몸 상태에 크게 영향을 끼쳤을 거예요.

작은 의미라도

"지금까지는 나도 모르게 했던 행동인데,
'내가 늘 비슷한 선택을 하는구나'를
인지했다는 것 자체가 치료죠."

늘 고통이나 불편을 유난으로 여겼다. 고통 앞에서도 자기검열이 이뤄졌다. 내가 고통을 오롯이 실감하면서도 남들의 눈부터 신경 썼다. 사실 참을 수 있을 정도인데 유난 떠는 것처럼 비치는 게 싫었다. 부끄러웠다. 그래서 부작용 증상조차도 뒤늦게 깨달았다.

나는 늘 스스로 불행하다고 여기고, 그게 자기 연민이라는 것도 잘 알지만 오늘은 나를 달래주고 싶다. 아파도 아프다고 말하지 못하고 느끼지 못하는, 그래서 몸과 정신이 다양한 방식으로 비명을 지르고서야 깨닫는, 아프다는 명백한 사실도 내 탓으로 만들어버리는 나 자신을. 나는 나에게 늘 과녁이다. 상대에게 달려든대도 찔리는 건 결국 내 몫. 그래서 남을 할퀼수록 나는 더 큰 상처를 입는다. 그렇지만, 어쨌든 내 세계의 중간지점을 만드는 시도도 하고 부작용 증세도 깨달았으니 의미 있는 한 주.

지나친 외모 강박과
연극성 인격장애

선생님   한 주 잘 지내셨어요?

나   좀 괜찮아졌어요(부작용 증세가 사라졌다).

선생님   주변 사람들의 반응은 어땠나요?

나   저번 주에 회사 동료한테 그만둘 거라는 이야기를 많
         이 했거든요. 친구한테 부작용 이야기를 했더니, 일이
         힘들어서 그런 줄 알았는데 약 때문이었냐고 했어요.
         애인한테 "나 많이 예민했어?"라고 물으니까 심하지
         않았다고 했고, 저도 엄청 편해졌어요.

선생님   거꾸로 말하면 저번 주엔 엄청 불편하셨겠네요.

나   네 엄청나게요. 그런데 여전히 일하기 싫어요.

선생님   별일 없었어요?

나   별일 없었어요. 오늘은 아무에게도 하지 못했던 이야
기를 하려고 왔거든요? 어떻게 보면 별거 아닌데 저
한테는 엄청 콤플렉스인 부분이요. 저는 자존감이 낮
잖아요, 그래서 남에게 보이는 모습이 되게 중요하거
든요? 정말 창피한데, 외모에 대한 콤플렉스와 강박
감이 너무 심해요. 제 얼굴이 싫고요. 예를 들면 제 얼
굴을 평가할까 봐 애인의 지인들을 못 만나겠어요.

선생님   다른 사람 외모를 볼 때도 그러나요?

나   다른 사람 외모를 평가하냐고요?

선생님   네.

나   네. 평가하죠. 제가 얼굴 평가를 많이 당하거든요?

선생님   당하는 게 뭐죠?

나   당한다는 말이 좀 웃기긴 하는데, 저로서는 당하는
느낌이에요. 폭력적으로 느껴지는 거죠. 그냥 넘길 수
도 있지만, 저를 엄청 찌르는 말들이에요. 그러니까
아무도 외모에 대한 이야기를 안 했으면 좋겠고요.
지금 용기 내서 말하는 거라 두서가 없는데, 그냥 검
열하지 않고 말할게요. 여자들은 저를 예쁘다고 하는

사람이 많은데, 남자들은 별로 없거든요? 인기가 많지 않아요. 예를 들어 여자들은 다른 사람한테 '우리 회사에서 제일 예쁜 애' 이런 식으로 소개할 때가 있어요. 저는 그게 너무 싫어요. 얼굴 평가로 이어지니까요. 지난여름에 친구와 친구의 지인(남자)을 만나러 갔는데, 친구가 그 사람한테 저를 회사에서 제일 예쁜 애라고 말한 거예요. 그래서 제가 친구한테 "그런 얘기를 왜 해! 그렇지도 않은데" 하니까 친구는 "왜? 그냥 주관적인 평가지" 하고 넘어갔어요. 그런데 그 남자가 저를 무안하게 했어요. "회사에서 제일 예쁘다고 그러던데요?" 이러면서 조롱하듯이.

선생님 그걸 조롱이라고 느꼈나요?

나 전 조롱처럼 느껴졌어요. 그 사람이 "그런데 뭐, 제 스타일은 아니에요"라고 말했거든요. 황당하고 화가 났어요. 저는 이런 일이 꽤 많아요. 그러니까 자꾸 '나는 남자들이 봤을 때 안 예쁜 얼굴인가 보다'라는 생각을 하거든요? 그런데 그걸 받아들이기가 어렵고, 싫고, 제 자격지심이 되고, 콤플렉스가 되어버렸어요. 무슨 말인지 아시겠어요?

지나친 외모 강박과 연극성 인격장애

선생님 네.

나 그런데 왜 무슨 말인지 모르겠다는 표정이시죠?(왜 이렇게 까칠)

선생님 아니 그냥 좀, 복잡해서요.

나 애인은 제가 이상형이래요. 그러니까 제가 예쁘겠죠. 그래서 사람들한테 제 이야기를 많이 하고, 저는 점점 더 주변 사람들을 만나기 싫어지는 거죠. 어제는 강아지 산책을 시키려고 잠깐 애인 집에 갔거든요? 애인이 동기 두 명이랑 같이 살아요. 집에 아무도 없는 줄 알았는데 사람이 세 명이나 있는 거예요. 그때 저는 거의 민낯이었는데. 갑자기 막 심장이 뛰면서 그 사람들 눈도 못 쳐다보겠는 거예요. 그래서 인사만 하고 후다닥 나왔어요. 나와서 애인한테 "나 너무 낯가렸어, 사람이 너무 많았어" 그랬더니 애인은 "그치, 사람 좀 많았지? 나도 몰랐어"라고 말했는데, 그 만남이 죽고 싶을 정도로 수치스러웠어요.

선생님 외모에 대해 기대감을 다 충족해줘야 하나요?

나 그건 주관의 영역이니까 충족시킬 수 없죠. 머리로는 아는데, 실제로는 잘 안 돼요. 진짜 이 문제로 엄청 자책해요. 예를 들어 연예인도 모든 사람 마음에 들 수 없잖아요. 그런데 내가 뭐라고 다른 사람이 다 나를 예쁘다고 해야 해? 그게 말이 안 된다는 걸 알거든요? 너무 싫은데도 고쳐지지 않아요.

선생님 　자신이 생각하는 본인의 외모는 어때요? 아까 말씀하시기를 여자들은 나를 예쁘다고 하고, 남자들한테는 인기가 별로 없다고 말씀하셨잖아요. 그럼 자신의 외모를 남성의 시각으로 바라보는 건가요?

나 　네. 그래서 제 얼굴이 싫어요.

선생님 　수술까지 고민한 적 있나요?

나 　코 수술을 하고 싶었고, 광대도 깎고 싶었어요.

선생님 　실제로 알아봤어요?

나 　알아봤죠. 상담까지 다 받았어요.

선생님 　그런데 안 한 이유는요?

나 　'이렇게까지 해야 할까'라는 생각이 들어서요. '내 얼굴을 받아들이고 사랑하자'라는 의지가 막았어요.

선생님 　'이 정도면 괜찮지'라는 생각은 안 했나요?

나 　그렇게 생각할 때도 있지만, 대부분 안 해요. 그리고 제가 친구들이랑 글쓰기 모임을 해요. 그 친구들은

지나친 외모 강박과 연극성 인격장애

제가 잘 보여야 할 사람들이 아니잖아요. 그래서 낯도 안 가리고 편하게 지냈는데, 갑자기 제 피해의식이 발동했어요. 저번 주에 남자애들 두 명이 제 친구한테만 더 잘해주는 거 같은 거예요. 그 친구는 원래 인기가 많으니까 '쟤네 둘 다 친구를 좋아하는 것 같아'라는 생각이 들었어요. '그런데 나는 안 좋아하네? 내가 매력이 없고 못생겨서 그런가 봐' 이런 자괴감에 혼자 빠져서 괴로운 거예요(아 정말 쓰기 괴롭다. 너무 미친 애 같다). 이런 생각하는 제가 너무 싫었어요.

진짜 이상한 게, 새로운 모임을 갔는데 아무도 제게 관심이 없으면 미칠 거 같아요. 제 가치의 기준을 이성에게 두고 제가 그들을 평가하는 게 아니라 평가를 기다려요. 더 웃긴 건 제가 남자들한테 아무런 이성적 관심이 없는데도 나를 좋아했으면 좋겠다는 거죠. 아, 제 자신이 너무 싫고 별로예요.

선생님   반대로 낯선 여성들만 있는 자리인데 내 외모에 대한 이야기가 나오지 않으면요?

나   아무렇지도 않아요.

선생님   정말로 괜찮아요?

나	아니다!
선생님	다른 사람만 칭찬하고 나한테는 안 하면요?
나	어, 질투해요. 질투해요. 맞아, 여자한테도 그래요. 그래서 회사 동료 질투하고 그랬었어요.
선생님	그래서 더 꾸미지는 않나요?
나	그렇지는 않아요. 선생님 이런 사람 없죠?
선생님	많죠.
나	많아요? 이런 고민을 선생님께 이야기하는 사람이 있어요? 저는 지금 너무 창피해요.
선생님	그럴 거 같아요. 대놓고 하는 분들도 있고요, 돌려 말하다가 결론적으로 그 답에 도달하는 경우도 있고요.
나 '	아, 저는 직구로 이야기하는 거죠?
선생님	네. 외모에만 치중하는 경우도 있고, 사람들의 관심에 초점을 맞추는 경우도 있어요.
나	맞아요. 제 콤플렉스는 얼굴이랑 매력이에요. 저한테 매력이 없다고 생각해요.
선생님	매력이 있으니까 관심의 초점이 되어왔겠죠. 그런데 그 자리에서 조금씩 밀려난다는 느낌을 받을 때 불편한 거 아닐까요?

지나친 외모 강박과 연극성 인격장애

나	왜 이러는 거예요? 너무 벗어나고 싶어요.
선생님	혹시 '히스테리성 성격장애' 들어보셨나요?
나	아니요. 이게 히스테리성 성격장애인가요?
선생님	그런 성향이 있는 거죠. 어딜 가든 내가 주인공이어야 하는 거요.
나	맞아 맞아 맞아 맞아 이거예요.
선생님	이럴 때 보통 두 가지 유형으로 나뉘어요. 하나는 내 매력을 더욱 드러내기 위해 야한 옷을 입거나 근육을 키우는 식이죠. 다른 하나는 자신이 주인공이 되지 않으면 사람들이 자신을 싫어하는 거라고 여기면서 자책해요.
나	저는 후자네요.
선생님	네. 이미 인지했다는 거 자체가 본인한테 관심이 많다는 증거일 수도 있어요. 보통은 몰라요.
나	저는 아주 깊이 인식하고 있어요. 그런 일에 너무 골몰하니까 작은 말도 천둥처럼 들려요. 예를 들어 제가 글쓰기 모임 때 렌즈를 빼고 안경을 썼어요. 그런데 반응이 좋은 거예요. 한 명이 "야 안경 쓰니까 귀여운데? 너 아예 안경 쓰고 다녀라"라고 말했어요. 그

럼 안경 벗으면 구리다는 거잖아요.

선생님 그래요? 이야기가 그렇게 가나요?

나 극단적이죠? 아무튼, 그게 기분 나빴어요. 그리고 사진을 다 같이 찍었는데 여자 친구는 저한테 사진발이 너무 안 받는다는 거예요. 그래서 남자애들한테 "진짜 얘 사진발 안 받지 않아?"이랬는데 걔네가 "아니 똑같은데" 이러는 거예요. 한 명은 오히려 사진발 잘 받는다고 하고요. 그래서 기분 나빴어요.

선생님 본인은 아니라고 생각했나요?

나 네. 저는 그 사진 이상하다고 생각했는데……, 그래서 '아, 나는 그냥 못생겼구나'라고 생각했어요.

선생님 그렇게 가면 또 못생긴 게 되나요?

나 저는 못생긴 게 돼요. 극단적이니까요. 죽고 싶다.

선생님 그런데 그 부분을 항상 가려놓나 봐요?

나 가려놓다니요?

선생님 자신이 알기 때문에 더 숨기려고 하나 봐요?

나 사람들이 저한테 진짜 솔직하다고 하거든요. 그런데 제가 곰곰이 생각을 해봤어요. '내가 정말 솔직한 게 맞을까?' 그런데 말하지 못하고 숨기는 부분이 이 부

지나친 외모 강박과 연극성 인격장애

분이더라고요. 그래서 오늘 이 이야기를 하고 싶었어요. 늘 가리고 숨기고, 아닌 척해요.

선생님 인정하는 게 쉽지 않죠. 제가 숨긴 것 같다고 말한 이유는, 진료 초반에 적었던 500가지 문제 있잖아요? 성격적인 성향을 보는 테스트였거든요. 그런데 이런 성향은 없었기에 전혀 예상하지 못했어요.

나 뭘 예상을 못 해요?

선생님 외모에 대한 강박과 타인의 평가에 집착하는 성향이요. 검사 결과에도 나타나지 않았어요. 평소에 말씀하실 때도 느끼지 못했고요.

나 그럼 완벽하게 숨겼던 거네요?

선생님 네(하하하). 사람들이 나를 안 예쁘다고 할까 봐 불안할 때 있잖아요. 말씀하신 대로 표현하자면 '안 예쁘다는 곧 못생겼다'가 되는 거죠.

나 네. 저를 좋아하지 않으면 저는 그냥 매력 없는 사람이 되어버려요.

선생님 뭔가 계속 들어본 거 같지 않아요? 계속 느껴왔던 것 같지 않아요?

나 뭘요?

선생님   끊임없는 이분법적인 사고.

나   아, 극단적인 거.

선생님   누구나 주연이 되고 싶겠죠. 조연이 되고 싶어 하는 사람도 있지만요. 그런데 사고의 형태가 마치 주인공과 단역처럼 느껴져요. 내가 여기서 물러나는 순간……

나   저는 그냥 행인1이 되어버리는?

선생님   네. 잊힐 거고, 아무도 나의 존재를 모를 것이다.

나   아 굉장히 극단적인 거구나. 제가 왜 이렇게 된 거죠?(맨날 도돌이표 같다. 매번 물어보고 듣고 까먹는다)

선생님   글쎄요. 한마디로 말하기엔 복잡하죠. 나를 바라보는 시각이 너무 좁고 자기비하적이니까, 넓고 다양하게 바라보지 못하고 둘 중 하나로 선택해야만 차라리 편한 거죠.

나   좀 이해하기 어렵지만, 이제 솔직해질 거예요. 오늘 내원기록에도 쓸 거고요. 사실 애인 친구들이 저를 별로 안 예쁘다고 하면, 애인의 콩깍지가 벗겨질 거 같은 두려움도 있어요.

선생님   뭐 애인한테 마법 걸었나요?

지나친 외모 강박과 연극성 인격장애

나 아뇨. 원래 초반에는 콩깍지가 씌어 있으니까요.

선생님 본인은요?

나 저도 씌어 있죠. 아, 그러네. 그 마음이 타인 때문에 달라지지는 않는데.

선생님 연극성 인격장애는 들어봤나요?(감정 표현이 과장되고 주변의 시선을 받으려는 일관된 성격이 특징인 인격장애)

나 저 그거예요?

선생님 아니요. 성향은 있어 보이는데, 딱 일치하지는 않아요. 다만 밀려나는 걸 두려워하는 거 같아요. 밀려나더라도 한 계단, 두 계단씩 내려올 수 있는 건데, 마치 누군가가 '야 너 내려와' 하고 잡아당기는 느낌으로 받아들이죠. 실제보다 더 큰 두려움이 불안감을 유발하는 거 같아요. 일종의 강박이죠.

나 저는 자기객관화를 잘하거든요? 제가 못생기지 않은 건 알아요. 그런데 예쁘지도 않죠. 그냥 흔한 걸 아니까 제 자신이 더 싫어요.

선생님 연예인들이 그런 말 많이 하잖아요.

나 누가요?

선생님 장동건 같은 사람이 '내 얼굴 평범하다'고 하는 망언

시리즈?

나　　맞아요. 미쳤나 봐.

선생님　　자기 자신은 그렇게 생각할 수도 있죠. 지금 말씀도 어쩌면 그런 망언과 비슷할 수도 있어요. 누군가 나를 되게 예쁘게 바라본다면, 지금 발언이 잘난 척하는 거로 보일 수도 있죠.

나　　벗어나고 싶은데 어떻게 해야 할까요?

선생님　　강제적으로 될까요?

나　　외모를 평가하는 시선에서 벗어나고 싶어서 꾸미지 않고 다닌 적도 있어요. 화장도 안 하고, 옷도 큰 것만 입고. 그게 상처받지 않고 마음도 편하니까요.

선생님　　그랬을 때 인정받은 적은 없었어요?

나　　없는 거 같은데요.

선생님　　다른 사람이 오늘 예쁘다고 했다던가.

나　　아 그런 적 있긴 했다.

선생님　　그러면 도대체 어디까지 밑으로 가야 할까요?

나　　그러게요. 전에 남자보다 여자를 좋아했을 때가 있었어요. 그때 오히려 남성 중심적이었던 시선에서 벗어났었어요. 여자가 좋으니까 남자한테 잘 보일 필요가

　　지나친 외모 강박과 연극성 인격장애

없고, 남자가 날 좋아하지 않아도 상관없었거든요. 심적으로도 편안했던 거 같아요.

선생님 '못생기지는 않았지만 예쁘지도 않아'라는 생각을 하신 것처럼, '난 이쪽에도 있지 않고 저쪽에도 있지 않아, 분포도로 보면 가운데보단 조금 위에 있겠지?' 정도로 생각하면 되잖아요.

나 그럼 되다니요?

선생님 그 상태에서 '내가 이 정도고, 사람들의 기준은 다 다르니까 이렇게도 저렇게도 볼 수 있겠지'라고 생각할 수 있잖아요.

나 선생님, 저는 그런 연습을 많이 해요. 너무 잘 알고 있으니까요. 그런데 어제처럼 예기치 못한 순간 애인의 친구들을 마주치면, 그 생각이 안 들어요.

선생님 부담이 생기는 건 당연하죠. 거꾸로 내가 애인 자랑을 많이 했다면 애인도 부담을 갖겠죠. 그런데 자꾸 기대치를 충족시켜줘야 한다고 생각하시니까……

나 (머리를 쥐어뜯고) 아 진짜 무슨 기대치야. 누가 나한테 기대를 한다고. 진짜 어이가 없어요.

선생님 벗어나야 할 문제가 아니라 즐길 문제 같아요. 그날 기분에 따라 예쁘게 하고 나갈 때도 있고, 굳이 그러고 싶지 않은 날엔 '그냥 알아서 평가해라' 이런 마음으로요.

나   주목받고 관심받으려고 하는 건요?

선생님   주목과 관심에 대해 두려움이 많은 거지, 실제 성향이 그런 거 같지는 않아요. 성향이 그렇다면 아까 말씀드렸듯이 행동으로 나와야 해요. 과감한 노출이라든가 화려한 문신이요.

나   저는 그런 건 없다는 거죠?

선생님   네. 단지 밀려나는 것에 대해 두려움이 있는 거죠. 그리고 '나의 이런 모습은 보여주면 안 돼, 비밀로 해야 해'까지 갈 필요는 없는데, 너무 부정적으로만 보고 있어요. 우리가 매일 예쁜 옷을 입고 다니지는 않잖아요. 집 앞에 거지 같이 나가기도 하고요. 어떤 날에는 더 예뻐 보이고, 아닐 때도 있고요. 얼마든지 변할 수 있는 상황인데 '사람들이 나를 어떻게 바라볼까, 왜 나는 이런 생각을 할까?' 이러지 않아도 된다는 거죠. 가끔은 실망할 때도 있을 거예요. '나한테 관심이 없나? 변했나?' 생각할 수도 있죠. 하지만 그게 '나를 싫어한다, 나는 못생겼어'라는 뜻은 아닐 수 있어요.

나 극단적인 생각을 너무 오래 하고 살아서 계속 까먹어요. 방향을 틀어서 중간 세계를 만들어보라고 하셨잖아요. 이런 경우도 그렇게 생각해보라는 거예요?

선생님 여러 가지 방법이 있겠죠. 각자 눈도 다를 거고.

나 저는 저랑 반대로 생긴 얼굴을 좋아하거든요? 그냥 취향인지, 남자의 시선으로 보는 건지 모르겠어요.

선생님 내가 가지고 있지 않은 면이라서 그렇죠.

나 저는 제 얼굴을 사랑하고 싶은데, 너무 다른 얼굴을 좋아하니까 저 자신이 예뻐 보일 수가 없잖아요. 어떨 때는 '나 예뻐 보이네?' 할 때도 있는데, 외모 칭찬을 들으면 대부분은 '아닌데?'라고 생각해요.

선생님 말씀하신 대로 그분들도 미인이고, 내가 좋아하지 않는 얼굴들도 미인일 거고요.

나 이것도 극단적이네요.

선생님 내 취향이라고 말하면 되겠죠. 그런데 이렇게 먼저 이야기를 꺼냈잖아요. 꺼냈다는 것 자체만으로도 굉장히 용기를 내신 거고, 조금 편해질 수도 있어요.

나 지금 되게 후련해요.

선생님   사실 공포감은 무언가에 대해 '나만 알고 있을 때' 더 커지거든요. 혼자 고통받을 때보다 지금처럼 꺼내는 게 훨씬 좋을 수도 있어요. 애인 친구들도 만나기 싫으면 안 만나도 돼요.

나   만났을 때 들을 평가가 두려워요. 안 예쁘다고 하는 게 너무 싫은 거예요.

선생님   한 번 실망하면 다음이 편할 수도 있지 않을까요?

나   그렇기도 하네요.

선생님   "와 예쁘다!" 했다면 계속 예뻐 보여야 하는데?

나   아……, 네. 이런 고통을 겪는 여자들이 성형을 많이 하나요?

선생님   네. 연극성 인격장애를 가진 사람 중에 신체왜곡장애라는 질환을 가진 사람들이 있어요. 나에게 계속 문제가 있다고 보는 거예요. 예를 들어 거울에 비친 내 모습이 찌그러져 보이는 거죠.

나   저도 좀 그러는 거 같아요!

선생님   하하 이걸 방금 들었기 때문에 그렇게 생각하시는 거 같아요. 일종의 망상이거든요.

나   아 그렇게 되고 싶지는 않아요.

지나친 외모 강박과 연극성 인격장애

모순된 나

"사실 공포감은 무언가에 대해 '나만 알고 있을 때'
더 커지거든요. 혼자 고통받을 때보다 지금처럼
꺼내는 게 훨씬 좋을 수도 있어요."

통통하든 못생기든 나 자신을 인정하고 사랑하고 싶다. 하지만 사회는 외모나 몸매로 우월과 열등을 가르고, 아빠도 언니도 내가 살을 빼면 그전과 비교하면서 칭찬하고는 한다. 그게 별로 건강해 보이지도 않고 기분도 나쁜데, 한편으로는 날씬한 내가 더 자신감 있다는 걸 느낀다.

날씬하면 건강해지니까 좋은 걸까, 생각해보았지만 아무리 생각해도 위축되니까 싫은 거다. 옷도 마음대로 못 입고, 못생겨진다고 생각하니까. 그러니까 자꾸 살에 집착하게 된다. 사회적 시선은 너무 크고 나는 거기서 벗어날 수 없는데도 벗어나고 싶다. 그렇다고 뚱뚱해지는 건 싫고.

왜 열등한 취급을 받으며 개인이 자신을 사회적 기준에 맞추어야 하는지 모르겠다. 무시하는 사람들이 잘못된 건데. 대다수가 그렇고 나 자신도 그렇기에 모순적이고 답답하다. 그 틀에서 벗어나지 못하는 나, 나보다 우월한 사람을 만나면 기죽고 나보다 열등한 사람을 만나면 당당하고 편안해지는 내가 너무 싫다.

왜 나를 좋아해?
이래도? 이래도?

인터넷에 떠도는 자존감 테스트를 했는데 마이너스 22점이 나왔다. 자존감이 낮은 건 알고 있었고, 심지어 몇 년 전 검사 때보다는 높아진 것 같아 친구와 가족에게 장난을 치며 떠벌렸지만, 사실 마음이 좋진 않았다. 문제의 대부분이 내가 늘 고민하던 부분이었기 때문이다. 새로운 상황, 타인에게 보이는 내 모습, 타인에게 보이는 적대감 등등. 아주 오랫동안 내 안에 뿌리내린 결코 바뀔 수 없을 것 같은 문제였다. 그래서 당황했고 슬퍼졌다. 낯선 타인에게서 어떻게 따뜻함과 안정을 느낄 수 있는지 나로서는 상상하기 어렵다. 실수나 약점, 단점에 대해서 스스로를 탓하지 않는 방법도 모른다.

선생님 　잘 지내셨어요? 애인 친구들은 좀 만났나요?

나 　아니요. 안 만났어요. 애인이 외모 강박에 대한 글을 봤는데 놀라더라고요. 진짜 몰랐대요. 친구들 만나기 싫으면 만나지 말라고 했어요. 그런데 말하고 나니 후련하면서도 부끄러웠어요.

선생님 　그럼요. 적어도 몇십 년은 숨겨왔던 감정을 드러냈으니 당연히 창피하죠. 과도기라고 생각하세요.

나 　저는 솔직한 편이라고 생각했는데, 참는 것들이 많았다는 걸 깨달았어요. 예를 들어 애인이 제 앞에서 외모 강박에 대한 글을 소리 내서 읽는 거예요. 그게 너무 창피하고 싫었는데, 제 머릿속에서는 '아니야, 싫어하지 말고 받아들여야 해'라고 생각을 하는 거예요. 그런데 자동으로 들었던 마음은 '아 소리 내서 읽으니까 싫다'였잖아요. 그래서 처음에 생각했던 대로 "소리 내서 읽지 말아줘"라고 이야기를 했어요. 요새는 2차 검열이나 생각으로 들어가지 않고 바로 전달하려고 하는 편이에요.

선생님 　그러다 보면 충동적으로 갈 수도 있겠네요.

나   아 그럴 수도 있겠네요. 그리고 극단적으로 생각하는
       버릇을 고치고 있어요. 회사에 친한 친구가 있는데,
       서로 힘든 이야기나 감정을 공유해요. 그런데 제가
       엄청 바쁘고 마음의 여유가 없는 상태였는데, 그 친
       구가 자기 이야기를 막 쏟아내는 거예요. 그게 버겁
       고 힘들었어요. 만약 원래 제 사고회로라면 '아 얘가
       나를 얼마나 만만하게 보면 자기 얘기를 이렇게 쏟아
       낼까. 내가 감정 쓰레기통이야?' 이렇게 생각하고 괴
       로워할 거란 말이죠? '난 원래 만만하고 멍청한 인간
       인가 봐' 이렇게요. 그런데 이번에는 '내가 편하고 이
       야기를 잘 들어주니까 나한테 하는 거지, 만만해서
       그런 건 아닐 거야'라고 생각했어요.

선생님   조금만 더 틀면 좋겠네요.

나   어떻게 더 틀어요?

선생님   자존감을 더 올릴 수 있는 방향으로요. 똑같은 상황
       이라면 '역시 나 말고는 이런 이야기를 들어줄 수 있
       는 사람이 없겠구나' 정도까지 생각해도 괜찮아요. 자
       기 자신한테 하는 말이니까요.

나   그렇게 거만한 생각을 하라고요?

선생님 그 자유로움을 좀 즐겼으면 좋겠어요.

나 저 자신한테만요? 그리고 자존감 이야기하니까 생각
난 건데, 저는 '그놈의 자존감'이라는 생각을 많이 하
거든요? '자존감이 높으면 어떻고 낮으면 어떻다고
이렇게 난리들일까?' 하면서요. 그런데 책을 보면 '자
기 자신을 사랑해야 타인에게도 사랑을 주고 자신도
사랑을 받을 수 있다, 자기 자신을 무시하면 타인도
나를 무시하게 된다'는 글이 많잖아요. 그게 말이 안
된다고 느껴졌어요. 저는 저를 오랜 시간 혐오해왔거
든요. 그런데도 저를 사랑하는 사람은 늘 존재했거든
요? 그리고 제 자신을 사랑하지 않는데도 저는 타인
을 사랑해요. 자존감이랑은 상관없지 않나요?

선생님 사랑을 조금 왜곡해서 바라볼 수 있다는 거죠.

나 나 자신을 사랑하지 않으면요?

선생님 그렇죠. 일단 의심을 하게 되죠. 예를 들어 나는 내 외
모를 예쁘지 않다고 생각하는데 다른 사람이 내 외모
를 칭찬했을 때, '얘가 나한테 왜 그러지? 흑심이 있
나?'라고 생각할 수도 있죠. 거꾸로 내 외모에 만족한
다면 있는 그대로 받아들일 수 있겠죠. 자존감과 상

관없이 '누군가 나를 사랑했다'는 사실로 끝날 건 아니고, 그걸 과연 어떻게 받아들이는가의 문제 같아요.

나 아…… 받아들이는 문제군요. 자존감이 높으면 좀 더 긍정적이고 건강한 방향으로 흐를 수 있다는 거예요?

선생님 예를 들어 누군가 나를 좋아해요. 그럼 '나도 나의 어떤 면이 좋은데, 마음을 한번 줘볼까?'라는 반응과, '쟤는 왜 나 같은 애를 좋아하지? 이상해' 이렇게 생각하는 것과는 차이가 있다는 거죠.

나 아…… 맞네요.

선생님 자존감에 따라 타인의 진심이 다르게 느껴질 수 있으니까요. 사실 자존감을 올리기 위한 특별한 방법은 별로 없을 거예요. 지금 말씀하셨던 것처럼 원래 같았으면 어떤 상황에서 이렇게 생각했을 텐데, 조금 다르게 생각했다는 걸 인지했다는 것부터가 시작이 될 수 있어요. 인지하는 것과 인지하지 못하는 건 다르니까요.

나 원래는 제가 극단적인 줄 몰랐어요. 남들이 극단적이라고 해도 '너희가 몰라서 그래'라고 생각했었어요.

선생님 그렇게 생각하는 사람은 결국 두 종류죠. 극과 극은 통한다는 말도 있잖아요. 자신을 너무 비하하는 사람과 나 자신을 너무 추켜세우는 사람. 만약 중간치를 맞춰야 한다면, 자기 애착이 너무 강한 사람보다는 비하했던 사람이 좋아질 가능성이 크지 않을까요?

나 자기 애착이 강한 사람들이 더 힘든가요?

선생님 치료의 필요성을 못 느끼죠. 본인의 즐거움과 자신감을 떨어뜨리니까 다른 사람 말을 듣기도 힘들고요. 본인이 괜찮다는 인정을 받으려고 여기 오는 경우도 있어요. 사람들이 자신을 질투한다고 느끼는 거죠.

나 그런 사람들은 좋아지기가 힘들 것 같아요. 모든 걸 질투로 받아들여 버리니까요.

선생님 낮은 자존감을 극복하기 위해 무의식적으로 새로운 나를 만들거나, 나의 보기 싫은 면을 가둬놓고 반대의 모습을 드러내는 경우가 있어요. 자존심이 센 척하지만 그만큼 상처를 쉽게 받죠.

나 그렇군요.

선생님 과대망상까지 갔을 때 자주 나타나는 증상은 조증이에요. 아주 극심한 우울 상태를 이겨내기 위해 생기죠. 어제는 멀쩡하다가 오늘 갑자기 '이 사람 미쳤다'

는 느낌이 든다면 대부분 조증이에요. 정신분열이 천천히 진행된다면 조증은 갑자기 나타나요. 더 극단적으로 가면 '내가 예수다, 부처다' 하는 거죠. 누군가 자신을 해치려고 한다면서 숨기도 하고요.

나   아 진짜 미치는 거구나(그런데 왜 갑자기 조증으로 이야기가 흘러갔는지 모르겠다).

선생님   대신 길지는 않아요. 정신이 돌아왔을 때 더 힘들 수도 있죠.

나   현실이 너무 싫어서 도피해버리는 건가요?

선생님   그렇죠. 교회에 열심히 다니던 분들은 어느새 하나님이 되어버리는 거죠. 다른 이들을 구제할 수 있다고 생각해요.

나   아하…… 저 고민이 생겼어요(다른 이야기로 돌린 걸 보니 별로 관심이 없었나 보다).

선생님   어떤 고민이요?

나   술을 줄이고 싶어요. 제가 아토피가 있어서 많이 마시면 두드러기가 올라오거든요? 어제 과음해서 아침에 피부도 좋지 않고, 자괴감이 드는 상태예요.

선생님   술을 줄이겠다고 생각한 건 언제부터죠?

     왜 나를 좋아해? 이래도? 이래도?

나　　　그 생각은 계속해요. 하지만 저녁이 되고 집에 오면 당연한 하루의 순서처럼 마셔요.

선생님　술의 어떤 부분이 도움이 되는 것 같아요?

나　　　몽롱한 상태를 즐겨요.

선생님　그러면 마음이 조금 편한가요?

나　　　네. 마음이 편하고, 글도 잘 써지고요.

선생님　글을 쓰기 위한 도구일 수도 있겠네요?

나　　　아주 일부는요(실제로 글 쓰고 싶어서 술을 마실 때도 있지만 이건 정말 일부고 그냥 마신다).

선생님　글 쓰기 위한 상태가 만취는 아니지 않나요?

나　　　맞아요. 취해버리면 글이고 뭐고 완전히 꽐라죠. 절제를 못 하고 아예 취할 때까지 마셔요.

선생님　혼자 마실 때도요?

나　　　그럴 때도 있지만, 술 좋아하는 친구랑 같이 마시면 더 절제가 안 돼요.

선생님　그 친구를 안 만나면 되겠네요.

나　　　그러게요. 술을 끊고 싶어서 오는 사람들도 있나요?

선생님　네.

나　　　어떤 걸 시도해요?

선생님 알코올에 대한 의존이 너무 심해서 하루만 끊어도 불
편함을 느낀다면 입원을 권하죠. 그 정도가 아니라면
술 충동을 줄여주는 약을 쓰기도 해요.

나 저도 그 약을 먹고 싶어요.

선생님 술 마시는 이유가 안정을 주기 때문이라면, 깨고 나
면 금단증상이 오잖아요? 금단증상이 안 생기게끔 취
한 것과 비슷한 안정감을 주는 약을 쓰기도 해요.

나 저는 약 먹을 정도는 아닌가요? 술이 맛있어요.

선생님 네. 끊고 싶은 생각이 있는 것도 아니잖아요.

나 네. 술을 너무 좋아해요.

선생님 그냥 적당히 마시고 싶은 거죠?

나 네. 살도 찌고요. 평일에는 안 마시고 주말에만 마시
고 싶은데, 사실 실천하고 싶은 마음이 안 들어요.

선생님 정말 필요해서 마시는 거와 버릇처럼 마시는 건 다르
죠. 의지가 필요할 거 같아요. 잘 안 된다면 약의 도움
을 받는 것도 괜찮죠. 함께 마시는 친구와 만나는 횟
수나 날짜를 조정하는 것도 괜찮을 거 같아요.

나 네……

왜 나를 좋아해? 이래도? 이래도?

"사랑을 조금 왜곡해서 바라볼 수 있다는 거죠.
'누군가 나를 사랑했다'는 사실로 끝날 건 아니고,
그걸 과연 어떻게 받아들이는가의 문제 같아요."

이분법적인 내 세계를 정확하게 인지하고 방향을 틀어보는 시도를 하고 있다. 아직 내가 두려워하는 관계인 연인에게는 극단적인 생각이 주를 이루지만, 차차 좋아지리라 믿는다.

술을 여전히 마시고 있고, 할머니 팔순 잔치와 사촌오빠 결혼식 때문에 2주 내내 상담을 받지 못했다. 그 이유 때문인지는 모르겠지만 두통이 생겼고, 별 이유 없이 눈물이 나며, 상당히 불안정하고 힘든 상태다.

이영학 사건 등 여러 가지 사회문제를 오랜만에 접하고 읽어서 심신이 약해진 탓도 있다. 또 예민해졌다. 사람이 많은 길거리를 걸으며 아무렇지도 않게 담배를 피우는 아저씨에게 화내고 싶었다. 30분 동안 7명의 흡연자를 봤는데 모두 아저씨였다. 싫다. 싫다. 싫다.

제가 예뻐 보이지 않아요

선생님   잘 지냈어요?

나   네 괜찮긴 한데, 일이 좀 생겼어요. 어쩌다 보니 제가
         관리하던 회사 인스타그램을 다른 팀에서 관리하게
         됐는데, 계정에 올라온 사진을 보고 갑자기 기분이
         울적해졌어요. 그분이 저보다 일을 더 잘하는 거 같
         고, 내가 없어도 회사는 잘 돌아가고, 회사에서의 내
         자리가 사라져간다고 생각하니까 위축됐어요. 제가
         경쟁의 두려움이 큰 것 같아요.

선생님   그게 경쟁일까요?

나   경쟁이 아닌가요?

제가 예뻐 보이지 않아요

선생님	사회 구성원에서 탈락할 거 같은 기분?
나	네. 내 자리를 잃을 거 같은 불안감이요.
선생님	그건 내 시선일 뿐이잖아요. 남의 떡이 더 커 보이는 것처럼, 본인이 잘하는 건 너무 당연하게 생각하는 거 아닐까요? 인정을 안 해주는 거죠.
나	네. 인정하지 않고 매일 반성만 해요. 책을 읽을 때도 저의 부족하고 무지했던 부분을 깨닫고 자책하게 돼서 속상해요.
선생님	인정하는 부분은 없었나요?
나	(조금 오래 생각했다)
선생님	아니면 자책하지 않고 넘어간 부분은요?
나	돈으로 우열을 가리는 거요. 그리고 레즈비언 딸을 둔 엄마의 시선으로 쓴 책을 읽었는데, 엄마는 딸이 동성애자인 게 세상이 무너질 정도로 엄청난 일이자 비정상적인 일인 거예요. 누군가는 엄마의 마음을 공감하겠지만, 저는 딸이 비정상적이라고 생각하지 않기 때문에 별다른 죄책감을 느끼지 않고 넘길 수 있었어요.
선생님	사회적 약자들을 따뜻한 시선으로 바라보고 있네요.

자신을 약자로 보기 때문은 아닐까요?

나　　저는 따뜻한 시선이 아니고요…….

선생님　내 입장처럼 보는 거죠.

나　　소수자로 볼 뿐이에요.

선생님　네. 하지만 자기 자신을 어떤 틀 속에 맞추고, 그 틀에서 벗어나면 마치 비정상이 되는 듯한 압박감이 큰 거 같아요.

나　　네. 그리고 부작용이 계속 있는 것 같아요.

선생님　어떤 식으로요?

나　　어제저녁에 약 먹고 잠들었다가 새벽에 깼거든요? 그런데 심장이 뛰고 초조하면서(눈물 터짐) 갑자기 이렇게 눈물이 나요. 그리고 제 검사 결과가 페이킹 배드(실제 상태보다 자신을 훨씬 안 좋게 느끼는 상태)였잖아요. 그래서 '너는 지금 오버하는 거야, 그 정도로 힘들지 않은데 유난 떠는 거야' 이렇게 자책하기 시작했어요. 그런데 그게 너무 억울해서 내 상태가 심각하다는 걸 증명하고 싶었어요. 그 후 상비약과 수면제를 먹었더니 바로 뻗었고요.

선생님　페이킹 배드는 말씀하신 것과는 조금 달라요. 일로 비교하자면, 사실 꼭 필요한 사람인데 본인은 '나 따위는 없어도 돼'라고 생각하는 패턴이죠. 힘들다는 마음에 심취해서 정신도 지배당하게 돼요.

나 얼마나 오래 걸릴지 모르겠어요. 너무 지난한 것 같아요. 다르게 생각하는 걸 성공했을 때는 기쁘지만, 자책했던 시간이 길었으니 잘 안 돼요.

선생님 내가 하지 않았던 것들을 해봤으면 좋겠어요. 우울감이나 공허감에서 벗어나는 나만의 방법이 그다지 효율적이지 않아 보여요. 조금 더 과격한 방식을 써봤으면 좋겠어요.

나 일탈하는 거요?

선생님 네. 일탈했을 때 맞이할 최악의 상황이 뭐예요?

나 일을 그만두는 거요.

선생님 그렇군요.

나 맞아요. 그게 끝인데. 그리고 여름에 비해 5킬로그램이나 쪘어요.

선생님 그래요? 그렇게 안 보이는데. 뭐 이유가 있었나요?

나 그냥 맛있는 거 많이 먹고 술도 많이 마셔서요.

선생님 그전에도 술 많이 마셨잖아요.

나	맞아요. 사람들이 저를 쳐다보면 살쪄서 그런 것 같고, 통통하다고 생각할 거 같았어요.
선생님	본인이 거울을 봐도 그러나요?
나	네. 너무 통통해요. 통통해도 행복하고 싶은데 그게 잘 안 돼요.
선생님	지금 상태에서 통통해도 행복해질까요?
나	사람들이 저를 비웃고 낮게 평가할 거 같아요.
선생님	돼지여도 행복하고 싶다고 하시는데, 실제로 뚱뚱한 사람들을 낮게 평가하는 건 아니잖아요.
나	아니요, 낮게 평가해요.
선생님	자기관리 못 하는 사람으로요?
나	그냥 예뻐 보이지가 않아요. 그래서 살찐 남자도 싫어해요.
선생님	약의 영향도 있지 않을까 싶어요. 살이 찌는 약은 아닌데, 입맛을 좋게 하거든요.
나	나중에는 약을 끊는 방향으로 가실 건가요?
선생님	경우에 따라 다르지만, 본인의 의사가 제일 중요해요.
나	약을 먹지 않으면 괴로워요. 우울감이 안 드는 건 좋아요. 그런데 약 먹기 전의 우울감과 약 먹은 후의 부

제가 예뻐 보이지 않아요

작용을 맞바꾼 느낌이에요.

선생님　부작용은 다 조절해야 할 부분이에요.

나　　그럼 어떻게 좀 해주세요!

선생님　조절해야죠. 불편하면 안 되니까요. 다만, 지금 삶이 힘들잖아요? 바닥까지 무너지는 그 느낌이요. 지금은 '그나마 이게 있으니까 도움이 되겠지' 정도의 마음을 가졌으면 좋겠어요.

나　　네. 두통은 왜 갑자기 생긴 걸까요?

선생님　약 때문에 두통이 생길 수 있어요.

나　　그리고 제가 『모멸감』이라는 책을 읽고 느낀 건데요. 저는 모멸감을 잘 느끼고, 다른 사람들에게도 잘 주는 거 같아요. 제가 예전에 게스트하우스에서 묵었거든요. 첫날에 방을 같이 쓴 친구는 너무 좋았는데, 두 번째 날 만난 사람은 미묘하게 저를 아랫사람으로 보는 듯한 느낌이 들었어요. 기분이 상했지요. 그 책을 통해 느낀 게, 제가 자존감이 낮으니까 상대의 태도를 부정적으로 판단하는 거예요. 그 사람은 피곤해서 그랬을 수도 있는데 저는 '나를 무시하는 거야'라고 판단하는 거죠. 그 사실을 인지한 게 의미 있었어요.

선생님   모든 원인을 나한테서 찾지 않았으면 좋겠어요. 그냥 재수없어 해도 되죠. 언니랑은 요즘 어때요?

나   아, 언니가 달라진 거 같아요. 예전에는 저를 아랫사람 대하듯이 했다면 이제는 동등한 인격체로 대우해 주는 느낌이 들어요. 언니가 저한테 예쁜 원피스도 사다 달라고 하고, 상담을 하기도 하고요.

선생님   그런 언니한테 어떤 느낌이 들어요?

나   언니 생각을 안 해요. 옛날에는 대부분의 원인을 언니로 돌리면서 울분을 터뜨렸는데, 요즘은 안 그래요.

선생님   나를 낮추면서 상대를 올려주는 거 같기도 해요. 회사의 동료와 비교하는 것, 내가 가지지 못한 것만 보는 거죠. 그들을 칭찬하면서 나를 자책하고.

나   그런데 저 이중적이라서 사람들을 속으로 무시해요. 배제하고.

선생님   네. 그렇게 하세요. 이런 생각하면 안 돼, 이러지 말고요.

제가 예뻐 보이지 않아요

자유 죽음

> "'너는 그 정도로 힘들지 않은데 유난 떠는 거야'
> 이렇게 자책하기 시작했어요. 그런데 그게 너무
> 억울해서 내 상태가 심각하다는 걸 증명하고 싶었어요."

홍승희 작가의 자살 일기 중 자유 죽음에 대한 글을 읽었다. 폐경이 아니라 완경으로 단어를 바꾸는 것처럼 자살을 자유 죽음으로 바꾸어서 이야기하는 모습이 인상적이었다. 단어가 담고 있는 의미, 어감, 인상이 매우 부정적인 단어가 많이 있지. 낙태, 폐경, 자살 등등.

자신의 죽음을 자신이 선택하는 건 삶을 포기하는 게 아니라 하나의 선택지가 될 수도 있다. 물론 남은 자들의 슬픔은 이루 말할 수 없겠지만, 삶이 죽음보다 고통스럽다면 기꺼이 그 삶을 끝낼 자유도 존중해주어야 하는 거 아닐까. 우리에게는 애도가 너무 부족하다. 죽은 자에 대한 존중도, 자유 죽음을 택한 이들을 죄인으로 몰아가는 사람들, 실패했거나 포기한 낙오자로 여기는 사람들. 정말 끝까지 살아내는 게 이기는 걸까? 애초에 삶에 이기고 지는 게 어디 있을까.

회사를 그만두기로 결정했다. 좋아졌다가 나빠졌다가 다시 좋아지는 게 삶이니까, 그러다가 나빠지는 게 또 삶이니까 잘 견뎌봐야지.

마음의 바닥에서

무기력 지수가 높다. 일하기 싫었다. 점심 먹을 때 주목받으려고 노력하진 않았지만 코드가 잘 맞지 않아서 조금 우울했다. 사람들이 친구에게 엄청 예쁘다고 하는 것도 질투 났다. 그래서 괜히 미워졌다. 정말 난 구제 불능.

난 따뜻한 사람이 맞을까? 내가 좋은 사람이라고는 생각하지 않는다. 다만 내 감수성과 호들갑이 타인에게 부끄러워지고 싶지 않을 뿐이다.

선생님   잘 지내셨어요?

나   아니요. 잘 못 지냈어요.

선생님   무슨 일이 있었나요?

나   다시 우울하고 무기력해요. 의욕이 없어서 회사 일도
        제대로 못 했고요. 저번 주에는 그만둔다고 말했거든
        요. 팀장님이 이유를 물으셔서 정신적인 문제와 신체
        적인 문제를 말씀드렸어요. 병원을 다니고 있다는 말
        도 했는데, 제 상태를 이해해주셨어요. 이렇게 그만두
        는 건 불안감을 더 가중시킬 수도 있다고 하셨고요.
        일단 다음 주에 휴가를 쓰고, 11월에는 조금 더 자유
        롭게 일해보자고 하셨어요. 그래도 상태가 나아지지
        않으면 그때 다시 이야기하자고요.

선생님   괜찮았나요?

나   너무 감사해서 눈물이 났어요. 제가 회사를 4년 정도
        쉬지 않고 다녔거든요. 회사가 주는 안정감이 있잖아
        요(규칙적인 생활과 업무, 돈 등). 그 안정감에서 벗어나
        는 게 두려웠는데, 퇴사를 보류하게 됐으니 안심됐어
        요. 그렇지만, 일시적일 거라는 생각이 들었어요. 회
        사에서의 상태가 똑같으니까요. 그 시간이 너무 지루
        하고, 하루하루가 버티는 식이에요. 왜 이렇게 되어버

렸는지 모르겠어요. 이런 지가 두 달이 넘었고요. 아, 내일 혼자 경주로 여행 가요.

선생님   퇴근 후엔 어떠세요?

나   활력이 없어요. 집에 걸어가는 시간이 유일한 낙이고, 집에서는 무기력한 상태가 계속돼요. '뭔가를 할까?' 라는 생각이 들면 바로 '아 하기 싫어'라는 생각이 들고요.

선생님   결국 뭘 하나요?

나   폭식해요. 혼자 과자랑 초콜릿을 잔뜩 먹고 술도 엄청 마시고 울어요. 그 와중에 살찌는 건 싫으니까 스트레스는 더 받고요. 모든 게 엉망진창이에요.

선생님   애인과의 관계는 어때요?

나   그 관계만 좋아요. 유일하게 안정적인 순간이고요. 웬만하면 다 받아주고 옆에 있어주려고 하니까 엄청 의존해요.

선생님   그게 익숙해지면 지루해지지 않을까요?

나   지금은 좋은데 나중은 모르겠어요.

선생님   그사이에 무슨 일이 있었나요?

나   제가 회사 SNS채널을 담당하잖아요. 원래 콘텐츠를

마음의 바닥에서

제가 다 기획했어요. 하지만 시간상 혼자 다 할 수 없으니까, 기획팀과 마케팅팀에서 같이 만들기 시작했거든요. 처음에는 좋았는데, 그 프로세스가 잡혀가면서 저는 그냥 콘텐츠를 올려주는 사람이 되어버렸어요. 제가 주도적으로 만들면 되는 건데 의욕도 없고요. 제 자리를 점점 잃어가는 것 같아요.

선생님 주도적으로 했을 땐 성과가 있었나요?

나 네. 재밌고 성과도 있었어요. 팀장님이 이제 책도 기획하고 재밌는 걸 해보자고 하셨는데, 그건 너무 감사하지만 그냥 '내가 여기서 뭘 하는 거지'란 생각이 들어서 힘들어요.

선생님 그만두면 뭐 할지 생각해보셨나요?

나 책을 준비하고 있거든요. 그걸 마무리할 거고, 사업 준비도 할 거예요. 일단 퇴직금이 있으니까 그걸로 연명하면서 다른 알바를 하고, 사업이 잘 안 되면 이직할 생각이에요.

선생님 책 준비에는 의욕이 있나요?

나 네. 많이 진행됐고, 늦어도 봄에는 마무리될 거예요.

선생님 팀장님 말씀대로 지친 거 아닐까 싶어요. 다른 부분

	에서도 무기력한 건 아닌 거 같고요. 여행을 통해 충전하는 것도 좋지 않을까요?
나	충전이 될지 모르겠어요. 추석 연휴 때도 푹 쉬었는걸요. 의욕이 사라지니까 돌아버릴 것 같아요. 요즘 화가 많이 나고, 정신이 피폐해졌어요.
선생님	계절을 안 타신다고 해도, 지금 딱 우울감이 심해질 계절이에요. 쉬는 방식도 중요해요. 여행 갔을 때 햇빛도 많이 쐬고, 많이 걸으면 좋겠어요.
나	네 그럴게요. 이 지루함을 떨치고 싶어요.
선생님	왜 혼자만의 여행을 택하셨어요?
나	같이 가면 취향을 조율해야 하는데, 혼자 가면 뭐든 제 선택으로 이루어지잖아요? 그러고 싶어서요.
선생님	잘하셨네요. 지금 가장 필요한 일이에요. 온전한 내 시간을 보내는 것. 왜 경주를 택했나요?
나	어딜 가야 할지 모르겠고 의욕도 없었거든요. 그때 친구가 경주 여행 사진을 보내줬는데, 건물이 낮고 평화로워 보여서 마음에 들었어요. 거길 걷고 싶었고요.
선생님	낯선 환경에서 온전한 고독을 느껴보는 것도 좋아요.

마음의 바닥에서

어쩌면 정말 바닥까지는 가보지 못했을 수도 있어요. 예를 들어 우리가 물에 빠져도 발이 땅에 닿으면 안심하잖아요. 딛고 올라갈 수 있으니까요. 하지만 바닥이 어딘지 모른다면 공포감이 어마어마하겠죠? 아예 바닥을 쳐보는 것도 좋아요.

나 바닥을 치는 게 뭘까요?

선생님 지금보다 더 큰 좌절감과 외로움을 느껴보는 거죠. 약을 조금 바꿀게요. 항우울제는 바닥에 있는 기분을 조금 올려주는 정도고, 기분조절제도 써볼게요. 집중은 잘 되세요?

나 집중해서 확 했다가, 아예 안 했다가를 반복해요.

선생님 요새 자주 우나요?

나 저번 주 월요일에 약만 타러 왔을 때도 엄청 울었고, 어제도 울었고, 일주일에 세 번 정도 울었어요.

선생님 전형적인 우울증과는 증상이 조금 달라 보여요. 성인한테 나타나는 ADHD도 있거든요. 공허감, 지루함, 집중력 저하 같은 증상이 나타나요. 그쪽도 염두에 두고 약을 써볼게요.

나 (완전 내 이야기라고 생각했다) 네, 네.

선생님   어쨌든 여행 잘 다녀오시고요, 다음에 오실 때는 예
         전에 잠깐 미뤄두었던 언니나 부모님에 대한 이야기
         도 나눴으면 좋겠어요.

나   네, 잘 다녀올게요.

(2권에 계속)

마치며

괜찮아,
그늘이 없는 사람은
빛을 이해할 수 없어

나는 내 손안에 들어오면 평가절하 하는 경향이 있다. 어려운 무언가를 해냈을 때도 예쁜 옷을 입어도 내가 해내고 내가 입으면 금세 힘을 잃었다. 소중하거나 사랑스럽지 않았다. 문제는 그게 사람에게도 적용된다는 거다. 상대가 나를 사랑하면 할수록 나는 상대가 지루해진다. 지루해진다기보다, 더 이상 반짝여 보이지 않는다.

역시 문제는 자존감. 내가 나를 너무 낮게 바라보기 때문에 타인의 눈으로 만족을 얻는 거라고 한다. 하지만 그건

155

나 자신이 내게 느끼는 만족이 아니니 한계를 느낄 수밖에 없고 곧 지겨워진다. 그러니 또 다른 사람을 찾고, 결국 누군가 나를 좋아한다는 것 자체가 내게 만족을 주지 못한다고 한다. 내가 좋아하는 사람이 나를 좋아하지 않아도 절망, 누군가 나를 깊이 사랑해줘도 절망. 이러나저러나 다 타인의 눈으로 나를 바라보는 일이다. 결국 내가 나를 계속 갉아먹는다.

내가 상대를 가혹하게 대하는 것도 낮은 자존감 때문이라고 한다. 내가 나를 사랑하지 않는데, 그럼에도 나를 사랑해주는 상대를 이해할 수 없어서 자꾸 강도 높은 실험을 하는 거라고. 이래도 날 사랑해? 이래도? 이래도? 상대가 받아준대도 이해할 수 없게 되고 상대가 포기하고 떠나면 역시나 나를 다 사랑해줄 사람은 없다고 생각하고 괴로워하며 위안한다.

그놈의 자존감 자존감 자존감. 나는 더 이상 비뚤어진 관계를 맺고 싶지 않고, 현재에 만족하지 못하고 과거에 얽매이거나 새로운 관계를 기대하는 것도 지겹다. 하지만 또 그놈의 자존감 때문이라면 난 어떤 방향을 향해 나아가야 할지 모르겠다. 이제 내가 상대를 사랑하는 건지 아닌 건지 구분할 수 없는 지경까지 왔다. 이렇게 길을 모르는 채로 무작정 헤매며 지낼 수 없다고, 너무 괴롭고 힘들다고, 확신 없고 알 수 없고 모든 것이 모호한 내가 지겹다고.

선생님은 어떤 방법이나 해답을 제시하지 못해서 미안하다고 했다. 하지만 만약 캄캄한 우물 안에 떨어졌다고 치면, 벽을 짚고 한 바퀴를 돌아야만 그게 우물이라는 걸 알 수 있듯이, 실패를 짚다 보면 분명히 반복되는 실패를 줄일 수 있을 거라고 했다. 쌓인 실패가 견고한 내 중심을 만들어줄 수 있을 거라고, 잘하고 있다고, 동전의 뒷면을 볼 수 있는 사람인데 지금은 동전을 너무 무겁게 느끼고 있을 뿐이라고 했다.

내가 바라는 거? 난 사랑하고 사랑받고 싶다. 의심 없이 편안하게. 그뿐이다. 방법을 모르기에 괴로울 뿐이다. 마지막 진료기록을 마무리하고 맺음말을 쓰지 못한 채 한참을 헤맸다. 내가 이만큼 좋아졌다는 걸 보여주거나, 뭔가 대단한 마무리를 짓고 싶었던 것 같다. 한 권의 책은 반드시 그래야 한다고 생각했다.

하지만 이야기를 마치는 지금도 여전히 우울과 행복을 반복하는 내 모습이 싫었고 의미를 찾기 힘들었다. 그런 상태로 병원을 오갔고, 어느덧 2018년이 되었다.

세밀하게 살펴보면 좋아진 부분도 많다. 우울감도 많이 나아졌고 사람에 대한 불안감도 줄었다. 하지만 그 틈새로 또 다른 문제가 채워졌고, 촘촘한 문제를 집요하게 파고들다 보니 종착역은 자존감이었다. 여전히 나를 사랑할 줄 모르는 사람이었기 때문이다.

그러다가, 빛과 어둠은 한 몸이라는 걸 다시 떠올렸다. 행복과 불행의 공존처럼 삶의 곡선은 유동적이다. 그리고 내가 포기하지 않는 이상 계속해서 이어가며 웃고 울 수 있다.

결국 이 책은 질문도 답도 아닌 바람으로 끝난다. 나는 사랑하고 사랑받고 싶다. 나를 아프게 하지 않는 방법을 찾고 싶다. 싫다보다 좋다는 단어가 많은 삶을 살고 싶다. 실패를 쌓고 더 좋은 방향으로 눈을 돌리고 싶다. 감정의 파동을 삶의 리듬으로 여기며 즐기고 싶다. 커다란 어둠 속을 걷고 또 걷다가 우연히 발견한 한 조각의 햇살에 오래 머물 수 있는 사람이 되기를 바란다. 언젠가는.

불완전함이 불완전함에게

저자가 처음 녹음 기능을 켤 때가 기억납니다. 치료 시간에 나눈 대화를 집에 돌아가 되새겨 보고 싶은데 잘 되질 않는다며 녹음에 대한 동의를 구했었지요. 큰 고민 없이 수락했지만 치료자의 말이 녹음된다는 사실에 저 역시 한마디 한마디 조심스러워지더군요. 그러던 중 치료 내용을 책으로 만든다는 계획과 함께 원고를 받았습니다. 발가벗겨진 듯한 느낌이 들었고 다른 사람들이 어떻게 볼 것인가에 대한 걱정 때문에 쉽게 펼쳐볼 엄두가 나지 않았습니다. 책이 나온 후에야 읽어봤고, 염려한 것 이상의 부끄러움과 면담 과정에서의 아쉬움, 조금 더 큰 도움이 되지 못한 것에 대한 미안함 등이 섞인 자기반성이 찾아왔습니다.

그런데 책 속에서 만난 저자의 글은 차트 속에 기록된 건조한 내용과는 또 다른 생명력이 느껴지더군요. 현대 사회에서 웬만한 정보를 찾는 것은 그리 어려운 일은 아닐 것입니다. 책 속에 등장하는 약물, 우울증, 불안장애, 기분부전장애 등과 같은 전문적인 용어를 포함해서도 말이죠. 하지만 사회의 여러 선입견에도 불구하고 환자의 입장에서 그것을 이겨내려 병원까지 오게 된 힘든 경험에 대한 생생한 공유는 검색으로는 알기 힘든 부분이 아닐까 싶습니다.

여느 사람과 마찬가지로 불완전한 한 사람이 또 다른 불완전한 사람 중 하나인 치료자를 만나 나눈 대화의 기록입니다. 치료자로서는 실수와 아쉬움이 남지만 삶은 항상 그래왔기에 저자와 저, 그리고 여러분들의 삶은 지금보다 나아질 가능성이 있는 게 아닐까 하는 위안을 가져봅니다. 어쩌면 많은 좌절을 겪고 낙담하신, 불안 속에 하루하루를 버티고 계시는, 이 책을 읽게 되신 여러분들, 이제까지 간과하고 있었지만 본인으로부터 나오고 있을지 모를 또 다른 소리에 귀 기울여 보셨으면 합니다. 죽고 싶을 때도 떡볶이는 먹고 싶은 게 우리의 마음이니까요.

우울의 순기능

힘내라는
독

엄마는 자기 자신을 자신감이 없고 멍청하다고 생각
했다. 엄마의 문장 속에는 꼭 자신을 향한 비난이 섞여 있었다.
'나는 길을 잘 몰라, 나는 멍청해, 나는 사람들의 말을 잘 이해
못 해, 나는 자신감이 없어, 나는 못 해.'

그런 성향을 우리가 물려받지 않았을 리 없다. 우리
자매는 확실히 외향성보단 내향성이 짙고, 자존감이 낮았다.
어릴 때는 더 심해서, 우물쭈물하고 소심하고 겁이 많은 아이
들이었다. 그리고 엄마는 누구를 만나도 우리의 단점을 먼저
내세웠다. '애가 자신감이 없어서, 애가 아토피라서.'

자연스레 당당함보다는 부끄러움이 먼저 자라났다.

커가면서 난 당당해지고 싶었고, 자신감 넘치고 싶었고, 위축되고 싶지 않았다. 엄마에게 물었다. "엄마 나 자신감이 너무 없어" 돌아온 대답은 이랬다. "왜 자신감이 없어? 왜 그래! 자신감을 가져!" 헛웃음이 나왔다. 엄마는 자신의 성향이 우리에게 있는 게 싫었던 거다. 그래서 우리의 단점에 늘 화를 냈다. 끼가 넘쳤으면 좋겠는데 끼가 없다고, 남들 앞에 나섰으면 좋겠는데 그렇지 못하다고, 스튜어디스며 재즈댄스며 본인이 하고 싶지만 못했던 꿈들을 우리에게 희망사항으로 남겼다. 본인이 원하는 대로 밀어붙이지 않은 건 정말 다행이지만.

언제부턴가 힘내라는 말, 자신감을 가지라는 말, 위축되지 말라는 말에 진절머리를 내는 나를 발견했다. 내향적이고 쉽게 위축되는 성격 탓에 학교생활과 직장생활을 할 때마다 장애물에 부딪혔다. 조별 수업과 발표 수업이, 회의와 미팅이 나를 지긋지긋하게 만들었다. 경험이 쌓일 거라고 생각했는데 매번 새로운 벽이 줄지어 세워졌다. 새로운 사람, 새로운 일, 새로운 주제, 새로운 장소. 아무리 깨뜨려도 쌓이지 않고 끝나지 않는 게임처럼.

우습게도 가장 힘이 된 위로는 이거였다. "왜 안 떨려고 그래? 왜 자신 있게 하려고 해? 그냥 떨어. 힘내지 마!"

부록: 우울의 순기능

내가 아닌 모습을 나처럼 위장하면 티가 나기 마련이다. 그리고 난 어설픈 포장이, 아닌 척하는 모습이 정말 싫다. 대담하지 않은 사람이 대담한 척하는 것만큼(물론 대담해지고자 노력하는 것과는 다르지만) 어설픈 건 없다. 자신감이 없는 사람이 자신감 넘치는 척하는 것만큼, 위축되는 사람이 위축되지 않는 척하는 것만큼 말도 안 되고 나쁜 해답이 어디 있을까. 힘이 안 나는 사람이 억지로 힘 나는 척하는 것만큼 애잔하고 슬픈 일이 또 어디 있을까.

그래서 대학생 때는 발표 전 이 말을 꺼내고 시작했다. "저는 발표할 때 너무 떨어서 얼굴이 빨개집니다. 고등학교 때 별명은 레드 인간이었어요. 발표를 들으시다가 제 얼굴을 봤는데 너무 빨갛더라도 놀라지 마시고 들어주세요" 사람들이 웃었다. 놀랍게도 얼굴이 빨개지지 않은 채로 발표를 마칠 수 있었다.

가장 힘이 들 때 옆에서 '힘내'라고 말하면 멱살을 쥐고 싶을 때가 있다. 그냥 옆에 앉아 어깨를 토닥여주거나, 어떤 해결 방법이 있을지 함께 고민해주거나, 아니면 같이 슬퍼하거나 화내거나, 유경험자라면 자신의 경험을 들려주며 생각보다 별일 아니라고 다 지나갈 거라고 이야기해주면 된다. 그게

165

공감이자 소통이고 관계와 관계를 잇는 위로다.

오늘은 내가 기획한 첫 책의 저자와 미팅하는 날이다. 한 번도 해보지 못한 경험이고, 내가 어떤 책을 만들고 싶고 어떻게 나아가야 할지를 직접 설명해야 한다. 사람과 사람이 연결된 일이기에 자연스럽게. 또 나를 지켜보는 과장님 옆에서. 난 원래 위축되는 사람이고 자신감 없는 사람이다. 그리고 구태여 그런 모습을 숨길 생각도 없다. 일부러 위축되어 보이려고 찌질하게 굴지는 않겠지만 그렇다고 어깨와 가슴을 펴고 우렁차게 이야기하며 작위적인 연출을 할 생각도 없다. 그냥 난 솔직해질 생각이다. 첫 경험에 능숙할 수도 완벽할 수도 없다. 그럴 필요도 없다. 결국 나는 나 스스로를 위로하고 다잡을 수밖에 없다. 완벽하지 않은 나를 보듬어주고, 안 그래도 괜찮다고 말해주고, 힘내지 말라고 나의 온 내부에 속삭이면서.

힘내라는 말, 자신감을 가지고 위축되지 말라는 말은 때론 독이다. 그렇지 못한 사람의 속내를 파고드는 상처다. 10년간 모든 자기 계발서와 에세이가 채찍질이 아닌 '위로'가 된 것처럼, 모자라도 괜찮고 서툴러도 괜찮다. 힘내지 않아도 괜찮다. 나는 오늘 잘하지도 못할 수도 있을 것이다. 그 자체가 경험이다. 괜찮다.

시선을
옮겨야 해

자의식 과잉이 나를 덮칠 때마다, 나의 불만과 슬픔, 짜증, 두려움이 내 행동을 짓누를 때마다 생각한다. 시선을 옮겨야 해.

오직 나를 향한 '좋게좋게'와 오직 나를 향한 싸움은 결국 나를 편안하게 만들 수 없다는 걸 어렴풋이 깨달은 것 같다. 세상의 모든 동기와 시도가 나에게로 집중되는 게 얼마나 복잡한 피곤함을 가져다주는지.

시선을 옮기자. 나에서 타인으로. 절망에서 희망으로. 편안함에서 불편함으로. 다수에서 소수로. 쓸모 있지만 나를 녹슬게 하는 것들에서 비록 무용하더라도 나를 아름답게 하는 것들로.

시선을 옮기면 삶의 구석을 엿볼 수 있다. 시선은 행동을 이끈다. 행동은 삶을 변화시킨다. 오로지 나를 위해 내가 변할 수는 없다는 것. 나를 변하게 하는 건 내 시선이 닿는 무수히 많은 것들이라는 걸 깨닫는다. 삶의 구멍은 수없이 깨닫는 것들로 채워진다는 걸 배운다.

삶의 과제

　　머릿속에 심고 싶은 좋은 글은 차고 넘치지만, 좋은 사람은 찾기 힘들다. 좋은 사람(내가 되고자 하는 이상적인 모습)으로 변하는 과정이 어렵기 때문이다. 타고난 천성이야 어쩔 수 없다고 쳐도, 생각과 태도 역시 나로부터 파생되고 축적되기에 천성만큼 바꾸기 어렵다. 좋은 말과 글임을 알고 있음에도 행동으로 옮기면 3일을 채 가지 못하는 이유다. 글과 행동의 성질은 아주 다르기도 하고, 글은 감추기 쉽지만 무의식에서 뻗어 나오는 행동은 감추기 힘들기에.

　　대부분의 사람이 말과 행동이 일치하는 삶을 살지 못한다. 아무리 지식을 접하고 되새긴다고 해도, 수행하듯 태도를 검열할 수 없으니 금세 본래대로 돌아온다. 그래서 옳지 못했던 삶의 태도를 깨닫고 오직 행동으로 변화를 증명하는 이들을 존경한다.

바른말을 하는 이들의 글을 보며 알 수 없는 불편함을 느꼈던 건 이런 부조화 때문은 아닐까. 말과 글만큼 행동도 일치하는 이들을 본 적이 없었으니까. 바보 같은 건 글과 행동이 일치하는 사람들을 만나도 불편하다는 거다. 내가 작아지는 기분이고, 그 사람들에게 내 보잘것없음을 들키고 무시당할 것 같은 마음이 든다. 그래서 순수하고 단순한 이들에게 더 마음이 가나 보다.

나는 지금 애매하고 좋지 않은 상태다. 내 천성은 우울하고 찌질하다. 생각이 깊거나 통찰력이 있지도 않다. 잘하는 건 반성과 자학인데, 이것도 순간에 그칠 뿐 변화로 이어지지는 않는다. 분명 머리로는 알고 있다. 하지만 쉽게 습득한 지식이 쉽게 온몸으로 번지고 체화될 리 없다. 페미니즘을 응원하고 인종차별 반대를 외치면서도 중국인들을 보면 몸을 움츠린다거나, 예쁘지 않은 레즈비언을 보면 불편하다는 '몸의 반응'을 일으키는 내 모습. 아주 찌질하고 모순적인.

하지만 이런 내 모습을 자학하고 혐오한다고 해서 달

라지는 건 없다는 걸 안다. 나는 이렇게 모자란 인간이라는 걸 그냥 받아들이고, 매 순간 다가오는 반성과 성찰의 기회, 몰랐던 걸 알게 되었을 때의 부끄러움과 희열을 느끼며 1밀리미터의 변화에 기대하는 수밖에.

결국 난 내가 부러워하는 사람들 곁으로 단숨에 다가갈 수 없다. 그렇게 될 수도 없다. 내가 멋져지는 길은 오직 지금 나로부터 아주 조금씩 지지부진하게 나아가는 것뿐이다. 판단을 유보하고 느끼되 강요하지 않으면서, 내가 느끼는 수많은 판단과 감정을 받아들이는 것. 자책한다고 한순간에 똑똑해지는 것도 아니니까.

아마도 삶은 받아들이는 법을 배워가는 과정 같다. 받아들이거나 내려놓는 건 삶의 특정한 시기에만 꺼내올 태도가 아니라 평생 살아가며 연습해야 할 과제라는 느낌이 든다. 있는 그대로의 찌질한 나를 받아들여야 있는 그대로의, 그러나 노력하려고 하는 찌질한 상대 역시 받아들일 수 있다. 내게 가하는 과도한 자기검열은 상대에게도 그대로 가해지고, 끝없이 상대를 평가하고 내 기준 안으로 속박시키려고 한다.

노답 인간은 차치하고, 누구나 어긋나는 부분이 있다는 걸 받아들이고, 일단 나부터 받아들여야 한다. 보잘것없는

내게 더 이상 기대하지 말아야 한다. 그냥 하루에 하나씩 뭔가
를 알거나 깨달아가길 바랄 뿐.

사랑의
문제

생각해보면 많은 문제를 사랑으로 결정했다. 이성적으로 손익을 따지지 않고 지금 내 마음이 향하는 대로 선택했다. 이성의 문제가 개입한 건 학교와 회사뿐이었다. 하지만 첫번째 이유였던 자존심과 돈 바로 뒤에는 꿈과 글이 있었다. 삶에서 두 번째로 중요한 걸 선택하기도 쉽지 않은 세상이다.

내가 사랑한 사람들도 마찬가지다. 나는 그들의 눈빛, 열정, 사랑을 향해 뛰어드는 용기를 덩달아 사랑했다. 단한 번도 이 정도면 괜찮지, 하고 반만 채워진 감정으로 상대를 사랑한 적 없다. 수동적이었을지라도 온 힘을 다해 함께 나누었다. 내게 차근차근 계획하고 정리된 미래가 그려지지 않는 것도 이런 성향 때문이지 않을까.

    마음이 움직이는 사람을 만나고, 마음이 움직일 때 글을 쓰고, 그에 맞는 음악을 듣거나 영화를 보고, 늘 사랑의 힘으로 움직이는 사람이고 싶다. 삶의 무수한 여백에 이성적인 힘이 마구 끼어든다면, 내가 가지고 있는 빛나는 힘과 여유마저도 잃어버릴 거 같다는 생각이 든다. 때문에 이성적으로 가난해도 감성적으로 빛나는 사람이고 싶다. 나와 비슷한 사람들과 함께 손을 잡고 나아가고 싶다. 이성적인 것과 감성적인 것에 우위를 따질 수는 없지만, 분명 질감은 다르다. 난 사랑과 감성으로 채워진 질감을 더 세심하게 느끼고 즐긴다.

고독은
아주 특별한
장소

벽에 눈이 달려 있다. 알 수 없는 이들의 휴대폰 속에, 사무실 파티션에, 길거리를 휘적거리는 공기 속에. 고독이 눈을 뜨면 두려움도 함께 얼굴을 내밀고, 수많은 눈은 다시 깜빡이며 내 글과 표정을 훑어낸다.

내게 고독의 장소는 10평짜리 방 안, 내 키만 한 이불 속, 걷다가 멍하니 보게 되는 하늘 아래, 사람들 사이에 붕 떠 있다가 느껴지는 이질감의 경계. 무시했다가, 자책했다가, 주머니 속에 넣은 손을 꼼지락대며 꺼내지 못하는 순간, 내 목소리를 녹음하고 텅 빈 방 안에서 그 소리를 들을 때, 카페에서 초점 없는 이들의 눈과 마주쳤을 때, 시선을 두려워하지만, 그 어떤 시선도 없다는 걸 알게 될 때. 이 모든 장소에서 길어 올린 고독이 과연 특별해질 수 있을까. 예술가들만의 특권 아닐까.

부록: 우울의 순기능

고통과
위안

부족했다는 걸 실감하는 순간이 있다. 그게 사랑이
든, 일이든, 다 끝난 후에야 '아 그때 부족했구나, 그때 내가 잘
못 알았구나' 이런 감정은 고통과 위안을 동시에 준다. 다시
돌이킬 수 없다는 고통과 이제 같은 잘못을 반복하지 않겠구
나 하는 위안. 그게 일이라면 위안이 크지만, 사랑이라면 고통
이 클 때가 많다. 다시 반복하지 않아야지 깨닫는 순간 상대는
내 곁에 없기 때문이다.

되찾을 수 없는 사랑의 허울을 가만히 품고 우리가 할
수 있는 일이란 별로 없다. 묵묵히 일상을 지속하거나, 돌아오
지 않을 감정을 붙잡기 위해 애쓰거나, 나 자신을 갉아먹거나.

그럴 때 책을 읽는다. 해결할 수 없는 감정을 타인에게 끝없이 털어놓는 것만큼 고문도 없다. 나나 상대에게 모두 의미 없는 감정 소모의 되풀이가 될 뿐이다. 하지만 책은 다르다. 내 생각과, 내 상황과 같은 책을 약을 찾듯 찾아 헤매고 종이가 닳을 만큼 읽고 또 읽고, 줄 치고 또 친대도 책은 날 외면하지 않는다. 싫증 내지 않는다. 결국 긴 시간을 딛고 해결책을 얻고, 치유가 될 때까지 조용히 오래 기다려준다. 책의 가장 큰 매력 중 하나다.

부록: 우울의 순기능

수식어가
없는 삶

좋아했던 작가의 새 책이 곧 회사에서 나온다. 담당 팀장님은 2월 초에 작가와 함께 브레인스토밍 겸 회의를 하기로 했으니 시간이 되면 참석해달라고 하셨다. 아무래도 작가를 좋아하는 사람이고 이십 대니까 젊은 아이디어를 마구 부탁한다고도 하셨다.

회의에 참여하는 건 재미있고 기쁜 일이지만 '젊은' 아이디어라는 말에 목구멍이 턱 막히는 기분이 들었다. 부담을 느낀 탓이다. 좋은 아이디어, 남들이 생각하지 못한 참신한 의견을 내야 한다는 부담감. 내가 늘 벗어나지 못하는 단어 중 하나다.

친구에게 이 이야기를 했더니 왜 이런 일엔 꼭 '젊은'이 붙냐고 했다. 연륜에서 나오는 아이디어는 없는 거냐고, 그냥 젊은이든 전문가든 그런 수식어 다 빼고 여럿이 모여 막 던지면 더 좋은 이야기가 나오지 않겠냐고. 맞는 말이다. 우리 앞엔 늘 수식어가 붙는다. 나 역시 예외일 수 없다. 젊다는 건 바꿀 수 없고 한정적인 수식어겠지만, 내가 말하는 건 그 수식 안에 담긴 의미나 기대다. 학벌과 전공을 예로 들 수 있다. 문창과 졸업생은 모두 수준 높은 글을 쓸 것이며 영문과는 원어민 수준의 회화를 할 거라고 여기는 단순한 생각은 오히려 당사자들의 실력을 막아선다. 부담스럽기 때문이다.

내가 문창과라는 걸 밝히고 싶지 않은 이유기도 하다. 언니도 그런 말을 했다. 서울예대 보컬 전공자들은 잘하면 당연하게 여기고 못하면 무시당한다고. 늘 평가의 시선을 견뎌내야 한다고. 많은 이들이 그럴 것이다. 그래서 좋아서 택한 전공을 즐기지 못하고, 본인의 실력에 자신 없는 이들은 자꾸 쥐구멍을 찾고 숨어든다.

오늘 페이스북에 등록했던 학력과 직장을 지웠다. 내 앞에 붙은 수식어를 지우고 싶어서다. 괜찮은 학교와 직장을 전시하는 건 내게 일시적인 우월감을 가져다주었지만, 열등감

부록: 우울의 순기능

역시 가져다주었다. 전공이 문창과인데 글을 못쓰는 나 자신에 대한 비난과 직장이 출판사인데 책을 잘 모르는 자신에 대한 혐오. 하지만 이런 수식어가 일부 영향을 미칠지는 몰라도 한 개인을 전부 설명하지 못한다는 걸 안다. 회사에서 만난 이들 중 내가 가장 질투했던(그림도 잘 그리고 글도 잘 쓰고 감성도 풍부하며 예쁘고 사랑스러웠다) 여직원은 지방대 출신이었다. 그리고 부끄럽게도 난 내가 느꼈던 열등감을 나보다 낮았던 그 직원의 학벌 하나로 만회하려 했다. 학벌은 생각보다 별로네 하는 못난 생각을 하며, 어떻게든 우월감을 느끼려고.

　　　이걸 머리로는 정말 잘 알면서도, 아직도 내게 주어진 수식어들로만 나를 평가하는 다수의 시선을 느낀다. 그리고 나 역시 그 시선에서 벗어날 수 없다. 질투했던 사람이 나보다 낮은 학벌일 때 느꼈던 안도감, 관심 없던 사람의 높은 학벌을 듣고 갑자기 그 사람이 다르게 보였던 일. 그리고 그 괴리감 속에서 나 자신을 자책했던 나날들. 진심으로 바뀌고 싶다. 아니 바뀔 수 있다고 믿는다. 나는 지금 회사에서 가깝게 지내는 이들의 학벌을 모른다. 그리고 딱히 궁금해하지 않는 나 자신을 느낀다. 전부는 아니더라도 조금씩 바뀌고 있다. 바뀌지 않는 부분만 보며 괴로워하기보단 변화하는 부분에 초점

을 맞추며 희망을 품어야겠다. 많은 이들이 어떤 수식어 없이
도 자신을 멋지고 당당하게 느끼는 날이 왔으면 하는 희망을.

부록: 우울의 순기능

꿈

과거에 오래 머무는 꿈을 꿨다. 엄마와 언니와 내가 나왔다. 더 많은 사람이 나왔지만 기억나지 않는다. 엄마의 젊은 모습을 기록하고 싶어 카메라를 들었지만 렌즈 속엔 담기지 않았다. 과거는 이미 지나갔으니까, 우리는 실재하지 않는 어떤 공간에 잠시 머물러 있을 뿐 곧 사라질 테니까, 카메라로 담을 수 없다는 걸 느꼈다.

하지만 우린 즐거웠다. 지금을 기록할 수도 기억할 수도 없는데, 과거의 어떤 지점에 함께 모여 있다는 게 기뻤던 걸까. 신기한 풍경이긴 했다. 어린 나와 언니, 주름 하나 없는 엄마. 이걸 적던 당시에도 꿈은 차근차근 기억을 지웠기에 더 이상 기억나질 않는다. 엄마의 젊고 하얀 얼굴을 다시 한 번 보고 싶다. 슬프고 아름다운 꿈이었다.

할머니

할머니는 늘 말이 없다. 남을 흉보는 일도 없다. 내가 아빠는 몇 점짜리 사위냐고 묻자, 네 생각은 어떠냐고 묻기에 당당하게 빵점이라고 대답했다. 할머니가 웃으며 계속 험담을 피하기에 "내가 아빠 같은 남자 데려와서 결혼한다고 하면?" 했더니 "……안 된다"라고 했다. 너무 웃긴 할머니.

낮엔 순천을 가야 해서 함께 집을 나섰다. 조용한 길을 걷다가 할머니가 문득 "여기 있으면 심심해서 가려고 하지?"라고 말했다. 나는 절대 아니라고, 혼자 여행할 기회가 이제 없을 거 같아서 그런다고 했다. 그리고 찔렸는지 "심심해서 가는 거 진짜 아니야"라고 세 번 더 말했다. 사실 반은 맞고 반은 틀린 얘기다. 할머니랑 말하다 보면 금방 침묵이 찾아오고, 여긴 정말 할 게 없다. 오랜만에 함께 있는데 스마트폰이나 책만 들여다보기도 싫고. 할머니랑 많은 이야기를 나누고 싶었는데, 예전에는 할머니가 재미난 이야기도 많이 해줬는데, 이제 생각 주머니가 줄었는지 말이 더 없어졌다. 하지만 진짜 혼자 여행할 기회가 별로 없을 거 같다는 말도 맞다.

어쨌든 우리는 함께 걸었고, 축제 중인 회관 앞에 도착했다. 할머니 할아버지들이 참 많았다. 거기서 "할머니 잘 있어" 껴안고 인사한 뒤 기차역을 향해 계속 걸었다. 뒤를 돌아볼 때마다 할머니가 얼른 가라고 손을 흔들었다. 나도 할머니가 작게 보일 때까지 계속 뒤를 돌아보았다.

어제 했던 대화가 떠오른다. "할머니 요새 제일 행복했던 순간이 언제야?" 묻자 할머니는 매일 혼자 있는데 행복할 일이 어디 있냐고 했다. 맞는 말이네. 머쓱해져서 "내가 와서 행복하지?" 하니까 "응. 기쁘고 좋다"라고 했다. "행복까지는 아닌가 봐?" 하니까 "기쁘고 좋은 게 행복한 거"라고 했다. 할머니만 생각하면 가슴 아픈 게 연민 같아서 싫지만, 사랑이라고 생각하면 조금 낫다. 사랑에서 오는 연민은 어쩔 수 없는 일이다.

부록: 우울의 순기능

진부하고 구린
거짓말

　시무식이 끝나고 사장님과 눈이 마주쳤다. 난 사장님이 무섭다. 원래 어른이 무섭고(그런데 내가 어른이 되어버림) 세보이는 어른은 더 무섭다. 그런데 사장님은 무지무지 세고 무섭다. 아무튼 올해 꿈이 뭐냐고 물으셔서 멈칫했더니, 꿈이 너무 거창한가? 하면서 목표가 뭐냐고 물으셨다. 그래서 그냥 소소한 목표는 정신이나 신체가 건강한 거라고 했고, 뭐라도 말을 더 해야 할 것 같아서 베스트셀러를 만들고 싶다고 했다. 그런데 그 말이 왜 이렇게 부끄럽지? 너무 진부하고 이상해. 뻔해. 사실 베스트셀러에 크게 관심 없으면서. 그냥 좋은 책 만들고 싶다고 하면 꼬치꼬치 캐물을 거 같아서 끝이 빠른 대답을 했을 뿐이지만 뭔가 부끄럽고 불편했다. 으으 솔직해지고 싶다. 어떤 질문을 받아도 부담 없고 솔직하게 말하는 사람들이 부럽다.

나의 이모

　　어제는 엄마의 건강 검진일이었다. 동시에 할머니가 올라오는 날이기도 했다. 낯선 것이라면 뭐든 겁부터 내는 엄마가 마음에 걸렸고, 가뜩이나 작은 엄마와 할머니 둘이 큰 병원 안을 이리저리 헤맬 것을 생각하니 신경질이 나서 반차를 쓰고 함께했다.

　　할머니는 석 달에 한 번씩 올라와 검진을 받고 약을 타간다. 할머니가 있는 지역엔 큰 병원이 없기 때문이다. 할머니는 안산에서 영등포로, 그리고 지금의 일산까지 병원을 세 번 옮겼다. 석 달에 한 번씩 할머니를 모시고 병원에 가는 일은 막내이모가 맡았다가, 큰이모가 맡았다가, 우리 엄마에게로 넘어왔다.

가까이 사는 고아라 이모는 아무런 연락이 없었다. 내가 이유를 묻자 엄마는 모르겠다고 했고, 할머니는 자기를 귀찮아하는 거라며 서운해했다. 엄마의 표정도 복잡했다. 순간 내 머릿속에는 '일주일에 한 번도 아니고 석 달에 한 번인데, 어떻게 연락 한 번이 없지? 너무하다'는 불만이 떠올랐다.

그랬다가, 그날 저녁 내 기억 속의 고아라 이모를 떠올렸다. 책을 많이 읽었던 이모, 언제나 할머니와 조카까지 살뜰히 챙겼던, 이제는 옛날이 되어버린 이모의 모습을.

이모는 우리 자매에게 특별했다. 차도 없고 의지도 없던 아빠를 대신해 이곳저곳을 함께 다녀주었고, 어린 우리도 이해할 수 있게 쉽고 많은 이야기를 들려주었다. 아빠가 엄마를 때릴 때마다, 우리는 똑같은 거리에 살던 큰이모한테는 전화하지 않아도 고아라 이모에게는 전화해서 엉엉 울곤 했다. 지금 생각해보면 어릴 적 내게 고아라 이모는 휴식 같았다. 엄마보다 말이 잘 통하고 똑똑했던 두 번째 엄마였다.

그렇게 기억을 되짚다 보니 문득 '그 사람 변했어'가 무용한 말이 되기도 하는구나 싶었다. 한결같은 사람이 된다거나, 혹은 그래주기를 바라는 게 어떤 이에게는 아주 혹독한

부록: 우울의 순기능

짐일 수도 있겠다 하는 생각이.

삶이 그저 살아남는 일이 되어버릴 때, 생존이 차지하는 비중 때문에 그 외의 모든 요소는 목소리를 내지 못할 때, 그 상태로 시간은 무섭게 지나가고 결국 많은 것들이 메마르고 썩어버릴 때, 그런 상황에서도 한결같기를 바란다는 건 이기적인 바람이자 모순 아닐까.

이모의 삶은 이렇게 신경 써서 떠올리지 않으면 알 수 없을 정도로 천천히 이모를 덮치고 있었을지도 모른다. 아니 분명히 그랬으리라고 나는 상상해본다. 자기 자신에 대한 희망이 사라지면 주위 많은 것들에 대한 의지도 함께 사라진다. 아무것도 하고 싶지 않고, 관여하고 싶지 않고, 결정적으로 함께하고 싶지 않아진다. 관계에 대한 욕구를 상실하고 철저히 혼자가 되고 마는 것이다.

이렇게 쉽게 깨달을 수 있으면서도, 그리고 그녀의 삶을 생판 모르는 타인보다는 훨씬 잘 알면서도 '그래도 어떻게 그럴 수가 있을까'라고 생각했던 내 게으른 생각이 실망스러웠다. 아닌 척해도 마음에 툭 떨어진 본심은 금세 몸으로 번졌고, 아침에 일어나선 벌처럼 체하고 말았다.

리베카 솔닛은 『멀고도 가까운』에서 "어떤 감정이입

은 배워야만 하고, 그다음에 상상해야만 한다"라고 말했다. 내 안에 없는 씨앗은 절대 자라날 수 없다. 그래서 우리는 평생 타인과 평행선을 달릴 수밖에 없다. 하지만 내 안에 없는 걸 만들어낼 방법은 상상과 공부다. 감정이입 역시 공부하고 상상해야 할 때가 있다.

감정이입은 저절로 되는 거라고 여기며 나를 움직이지 않는 많은 것에 마음을 닫고 살아왔다. 하지만 내 안에 없던 걸 만들어내고 연대하는 순간이야말로 어른이 되는 하나의 길일 것이다. 우리는 많은 이들과 멀고도 가깝다. 그리고 가족일수록 가깝지만 아득히 멀고, 저 멀리 있다가도 금세 옆에 앉힐 수 있을 만큼 가깝다.

내가 이해할 수 없고 그래서 이입할 수 없는 감정을 배우고 상상하는 것. 그게 타인을 향한 애정이며 내 씨앗과 상대의 씨앗을 말려 죽이지 않을 수 있는 유일한 탈출구다. 완벽히 이해할 수는 없지만, 그래도 끈을 놓지 않는 마음.

이걸 아는 것과 알지 못하고는 천지 차이라고 생각한다. 그러므로 일단 이입할 수 있을 것 같은 사람들부터 시작하겠다고 다짐한다. 내가 애정을 가졌었지만, 언제부턴가 뒤돌아 떠나온 사람들부터.

부록: 우울의 순기능

내 강아지,
내 전부

부기는 세 살. 수지는 아홉 살. 주딩이는 열다섯 살. 어릴 땐 주딩이를 로켓 주딩이라고 불렀다. 엘리베이터가 열리자마자 용수철처럼 튀어나가는 모습이 로켓 같았다. 그렇게 빠르고 활발했다.

현관 번호 키를 누르고 문을 열면 당연하게 신발들 사이에 앉아 우릴 맞이했다. 안아줄 때까지 서서 내 무릎을 콩콩 쳤다. 뭘 먹고 있는 건 얼마나 귀신같이 아는지, 고구마를 꺼내거나 아주 조용히 과자를 뜯어도 어느새 달려왔다. 치킨 먹을 때도, 고기 먹을 때도.

심장 소리는 규칙적이고 눈은 반짝였다. 코는 촉촉하

고 발바닥과 배는 분홍색이 채 가시지 않아 애기 냄새가 났다. 누가 가르쳐주지도 않았는데 꼭 화장실 아니면 베란다에서 용변을 봤다. 쉬 마려우면 베란다 앞에 서서 열어달라며 문을 긁었다. 가끔 짖기도 했다. 질투도 엄청 했다.

이 모습들은 몇십 년간 우리에겐 너무 당연한 풍경이었는데, 아주 천천히 조금씩 줄어들더니 이제 찾아볼 수 없게 됐다. 목줄을 하지 않아도 내 걸음보다 느린 주딩, 귀가 안 들려서 현관문을 열어도 나오지 못하는 주딩, 방에서 자고 있을 때 내가 가서 '나왔어~' 하면 그제야 깜짝 놀라 일어나는 주딩, 우유도 먹지 않고 고기도 가끔 거부하는 주딩, 뭘 먹고 있어도 크게 반응하지 않는 주딩, 가만히 있어도 들리는 심장 소리와 불규칙한 박동, 파란 눈과 마른 코, 까만 발바닥과 검버섯이 생겨 거무죽죽해진 배. 더 이상 쉬하고 싶다고 베란다를 긁지도 않는다. 짖는 걸 본 지는 까마득하다. 다만, 아주 많이 잔다. 계속해서 잠을 잔다. 너무 많이 자서 무서울 정도로……. 하얗게 센 수염을 볼 때마다 더럭 겁이 난다. 노견이라는 사실이 이토록 자명한데 받아들이고 싶지 않은 탓이겠지.

생기가 넘치는 수지와 부기를 볼 때면 예전 주딩이가 떠올라 가슴이 아프다. 주딩이의 시간이 나와는 다르게 너무

부록: 우울의 순기능

나 빠르다는 걸 실감한다. 내가 뭔가를 먹고 있으면 재빠르게 내 발밑에 와 있는 아이들을 보면서 조그맣게 속삭여도 귀를 쫑긋하는 수지와 빠르게 달리는 부기에게서.

한 생명의 생애를 온전히 받아들이기엔 난 너무 어리다. 시작과 과정과 끝은 지난하고 무게는 너무 무겁다. 순간의 행복을 즐기기에 내 그릇은 작고 부정적이다. 지금 세 마리 강아지와 누워 있는 이 시간이 못 견디게 소중하고 행복하지만 그만큼 두렵고 아득하기도 하다.

약하다는 단어를 되뇌어본다. 약하기에 약한 것들이 두렵고 싫고 무서운 내 모습을 떠올린다. 그러면서도 책임지고 싶다는 진심은 변하지 않는다. 모두 떠나보내고 싶지 않다.

함께하다

무덤덤하고 싶은 날들이 있었다. 아니 간절했다. 단순하고 가볍고 차갑고 무감각해지고 싶었다. 감정이입은 내게 큰 주축이었고 일상을 뒤덮을 정도로 커다란 그림자였다. 드라마를 보거나 영화를 볼 때, 노래를 듣거나 사진을 볼 때, 누군가의 이야기를 듣거나 나 자신의 이야기에 귀를 기울일 때, 쉽게 마음이 기울었다. 푼크툼(지극히 개인적인 경험에 비추어 받아들인다는 의미에서)처럼 맥락 없이 찔러대는, 익숙하고 지겨운 자각이었다.

그래서 포용의 울타리를 쌓고 안전하게 지냈다. 그때는 스스로 들어간 줄 알았지만, 결과적으로는 가둔 꼴이었다

(가뒀다고 표현하기는 싫지만). 행복해질 줄 알았지만 그렇지 않았다. 매번 내가 틀리지 않았다는 걸 확인하고 싶어 했고 한정된 애정을 갈구했다. 나는 왜 이럴까라는 말을 달고 살았고 세상과 인간에 대한 냉소가 깊어졌다. 차가워지고 싶었는데 진짜 차가워지자 세상이 얼어붙었다. 어느 곳에 손과 발을 갖다 대도 시리고 아팠다. 화가 났고 억울했다.

지금 생각하면 당연했다는 생각이 든다. 나만의 울타리를 만들고, 아무도 만나지 않고, 나누지 않는다는 건, 결국 얼어붙은 성을 짓는 것과 다를 바 없지 않을까. 사람들의 차가운 면에만 과도하게 집착했고 삶에 어떤 따뜻함도 없이 냉기만 남았다.

버거운 감정의 종류가 시시각각 드러날 때마다 숨이 찼다. 해소의 방법이 필요했다. 그때 처음 병원을 찾았다. 예전에는 익숙했던 털어놓기가 어려워진 상태라는 걸 느낄 수 있었다. 하지만 일단 시작하자 물밀듯 쏟아져 나왔다. 한 사람과만 나누면 될 줄 알았는데, 아니었다.

그때부터 가족에게 친구에게 동료에게 낯선 이에게 나를 털어내며 숨을 덜어냈고, 그들의 이야기를 들으며 새로운 숨을 채웠다. 그런 척과 흉내가 아니라 진심을 다해서 그렇게 했다. 자의식과 연민으로 가득 찬 감정의 결들이 조금씩 균형을 찾는 기분이었다.

결국 제대로 살아가는 방법은 함께하는 거라고, 아주 오랜만에 가족과 여행 온 지금 더더욱 느낀다. 함께는 이타심이고, 결국 이타심은 이기심을 구원한다. 나로 시작하여 우리로 끝나게 하니까. 나와 함께하려는 너에게 감동해서, 나를 알아주는 너 없이는 안 되겠어서, 함께를 택하게 되니까. 함께 오해하고 나누고 공감하고 멀어지면서 현재를 살아나가게 하니까. 그게 어두운 숨으로 가득한 세상에서 안도의 숨을 쉬어나갈 방법이 아닐까 싶다.

아주
어두운 시절

늘 전쟁을 치른다. 전력은 일 대 수십, 또는 수백. 달랑 혼자가 셀 수 없이 많은 적들과 싸우는 건 애초에 불가능하다. 상대가 많아질수록 전투력은 급감하고, 곧 의지를 상실한다. 아니다. 애초에 전투력 따위는 존재하지 않는다. 이길 수 없고, 이길 자신조차 없다. 이길 생각조차 없다. 생은 지저분한 주인의 가방처럼 정리되지 않는 물건으로 가득 차 있다. 언제 묵은 쓰레기가 나올지 모르고, 누군가 가방을 들춰볼까 겁이 난다. 낡은 가방과도 많이 닮아 있다. 매끈한 바닥은 아무렇게나 툭 툭 던져지고, 던져지는 만큼 닳고 상처 나고 헤지지만 아무도 알지 못한다. 각도가 달리 던져지면 누군가에게 발

각되지만, 그뿐이다. 가방을 바꿀 여건이 안 되는 이상 바닥을 들키지 않으려고 조심스럽게 그리고 불편하게 몸을 움직인다. 이 글을 쓰고 좋은 비유라고 키득대다가, 아니 가방이란 비유도 잘못됐다, 깨닫는다.

버스를 타고 갈 때 누군가 앞에 서면 쓰던 글을 멈춘다. 앞에 선 이의 눈동자가 내 휴대폰에 멈춘다. 쓰고 있는 글을 들킬까 봐 겁난다. 비밀로 가득 찬 일기장처럼, 어둠이 담긴 글을 그가 볼까 겁난다. 정신은 한 꺼풀 뒤덮인 막으로 싸여 있고, 불투명한 막 속은 아무도 들여다보지 못한다. 막을 통해 여과되는 생각은 본심과는 다르며 본심의 찌꺼기는 그대로 정신에 쌓여 고이고 썩는다. 그래서 생각은 늘 개운하게 청소되지 못하고, 찌꺼기로 가득 찬 본심 속에서 좋은 생각이 걸러지기 만무하다. 진흙탕을 걸러내도 누런 물이듯, 내게서 거르고 걸러낸 생각도 짙고 불투명한 어둠이다. 그래서 글자를 생각을 비유를 꾸며내고 감춘다. 그렇게 정제되고 포장된 생각은 언뜻 보면 있어 보이지만, 결국 별거 없는 생각일 뿐이다.

맑고 솔직한 사람들의 천진난만함에 반하고 긍정적인 사람들의 글을 보며 열광하지만 본질적으로 그 안에 편승되지 못할 거라는 불안감에 주저앉는다. 진짜 어둠을 받아들

부록: 우울의 순기능

이지 못하고, 밝은 세계에 몸을 던지지도 못한다. 사실은 많은 이에게 소중해지고 싶으면서, 넘치게 사랑받고 싶으면서, 타인에게 아주 관심이 많으면서 아닌 척한다. 척은 척을 만들고 그 척은 또 척을 만들고, 이제는 척이 자신인지 자신이 척인지, 이건 본심인지 여과시킨 생각인지 구분할 수 없어진다. 아무렇지도 않고 싶은 정신과 굉장히 아무런 마음은 서로 충돌하여 정신의 균형을 무너뜨리고, 틀어진 균형은 무너진 표정을 만들어낸다. 무너진 표정은 비뚤어진 행동을 만들어낸다. 잔뜩 틀어진 정신과 신체를 다잡기 위해 올바름을 집어넣고 또 쌓고, 단단하게 쌓이지 못한 성은 이리저리 비틀리다가 또 무너지고.

결국 자유를 얻지 못한다는 결말을 알면서도 의미 없이 길을 따라 무작정 걷는다. 끝은 생략되어 있다. 새 길을 만들어보려고 길이 아닌 곳을 거닐지만 온통 깊고 거친 자갈밭은 아무리 걷고 파내도 길이 되지 않는다. 그대로 발에 채일 뿐이다.

픽션

그 시절 내가 가진 재능이라곤 타인의 마음을 할퀴는 것뿐이었다. 까만 밤 등불처럼 내겐 사람들의 약점이 너무나 또렷이 보였고, 그걸 짚고 공격하기를 즐겼다. 왜 그랬냐고 누군가 묻는다면 정확히 답하기는 힘들겠지만, 아마 나도 날 잘 몰랐기 때문이었던 것 같다. 내가 나를 몰랐기에 세상이 아는 척하는 걸 견딜 수 없었고, 확신하는 자들을 보면 숨이 차고 메스꺼웠다. 나는 그들의 믿음 속 약점을 귀신같이 찾아내 헐뜯었고, 그들이 당황하거나 때로는 무너지는 모습을 보며 위안했다. 참으로 조악한 삶이었다.

묻다,
묻어두다

　나는 본질보다 태도를 중요하게 여긴다. 아니, 태도 안에 본질이 있다고 생각한다. 아주 사소하고, 아무것도 아닌 거 같은 지점에서 진심이 묻어 나오는 거라고. 그래서 난 상대의 눈빛과 손짓, 말투와 움직임에 집중하고 집착한다.

　누군가를 사랑하면 질문이 많아진다. 하지만 그 질문을 꼭 언어로 뱉어내야만 온전해지는 것은 아니다. 때론 온몸으로 내뿜는 질문도 있다. 턱을 괴고 내 쪽으로 향한 얼굴, 입에 집중하는 눈, 끄덕거리는 턱짓, 중간 중간 되묻는 말의 농도. 그럴 때 난 그저 내 이야기를 쉴 틈 없이 뱉어내며 무엇이든 좋을 그 사람의 질문에 대답하면 그뿐이다. 어떤 말도 질문이 되고 어떤 말도 대답이 되는 관계, 무언가를 군이 묻지 않아도 자연스레 내 안에 담긴 많은 이야기를 풀어놓게 되는 상대, 쉴 틈 없이 내 입과 마음을 쏟아놓게 되는 상대.

반대로 우리가 삼켜내는 수많은 질문들도 떠올린다. 누구나 질문을 한다. 그리고 질문을 받는다. 내 생각에 사람들은 생각보다 부끄러움이 많은 것 같다. 전부는 아니겠지만 많은 이들이 그 순간 목이 메거나 낯간지러워서, 또는 상대가 싫어할까 봐, 그깟 부끄러움이나 자존심 때문에 많은 물음을 삼켜낸다. 친구는 내게 질문왕이라는 별명을 붙여주었지만, 나역시 수많은 질문 더미 속에서 간신히 몇 가지를 골라 꺼낼 뿐이다. 더 은밀하고 무겁고 개인적이고 유치하고 뻔한 질문들이 차고 넘치는데도 말이다.

그래서 질문하지 않아도 내 안의 대답을 자연스레 이끌어내는 사람, 그리고 내가 질문하지 않아도 내 머릿속 질문에 응답하듯 대답을 쏟아내는 사람을 만날 때 좋다. 우리가 연결되어 있다는 따뜻한 기분이 든다.

그리고 조금 쓸쓸하다. 우리가 삼켜낸 질문들은 모두 어디로 갈까? 우리 마음 어딘가에 흩어져 사라지거나 심연속으로 가라앉을까? 어떤 행동이나 습관으로 발현되지는 않

부록: 우울의 순기능

을까? 그 침묵이 어떤 이와의 깊은 연결을 방해하지는 않았을
까? 나는 그게 참 두렵다.

낭만과
냉소

우리는 줄곧 순간으로 전체를 판단한다. 대부분 손에서 책을 놓지 않는 사람일지라도, 내 앞에서 인스타그램 피드만 줄줄 읽고 있다면 그저 그런 사람으로 비칠 뿐이다. 때문에 호감과 운명이란 낭만적인 합리화다. 그저 타이밍일 뿐이지. 내가 특별해 보이고 네가 특별해 보이는, 그 빛나는 순간을 함께 맞이한 행운일 뿐. 그건 단지 우연일 뿐이다. 하지만 그 예쁜 우연이 대부분의 인연을 엮어 나가는 건 사실이니까, 냉소적일 필요도 없다.

어쨌든 삶은 낭만과 냉소를 오간다. 그 뜨거움과 차가움의 경계를 넘나들 때 지루함은 자취를 감춘다. 가장 두려

부록: 우울의 순기능

운 순간은 미지근한 순간이다. 뜨겁게 느낄 틈도 차갑게 돌아
설 틈도 없는, 가장 미지근하고 무감각한 순간. 그 순간의 우리
는 송장과 다를 바가 없다.

죽고 싶지만 떡볶이는 먹고 싶어

초판 1쇄 발행 2018년 6월 20일
초판 15쇄 발행 2019년 2월 27일

지은이   백세희
펴낸이   김상흔

책임편집 김상흔
디자인   김은영
일러스트 댄싱스네일
펴낸곳   도서출판 흔

출판등록   2018년 5월 16일 제406-2018-000055호
주소   경기도 파주시 문발동 620-13 202호
전화   010-4765-1556
이메일   tkdgms17@naver.com
종이   ㈜한솔피앤에스   출력·인쇄   ㈜갑우문화사
ISBN   979-11-963945-0-9 (03810)